Sixth Edition

よくわかる保育所実習

Easy Learning of Practical Training in Day Nursery

百瀬ユカリ 著

創成社

写 真 協 力 園…東村山むさしの認定こども園（東村山市）
泉町保育園（所沢市）
資 料 提 供…なかよしこども園（所沢市）
本文イラスト…井上絢子・小林早織

はじめに
PREFACE

この本を手に取っているあなたは、初めての保育所実習を前にして、「どんなことをするのだろう」「どんな準備をすればよいのだろう」「子どもたちは受け入れてくれるのだろうか」「先生方からはどんな指導があるんだろう」など、心配ばかりがふくらんでいるのではないでしょうか。

私はこれまで、保育者養成校において、微力ながら約1,500名の実習生を送り出してきました。その中で、実習生の声や報告書などの中から、実習前の準備や、実習中に気をつけること、実習後は何をすればよいかなど、実習に関するさまざまな不安を少しでもなくして実習に臨めるようなテキストを作りたいと思いました。

本書は、従来の教科書のようにはじめから順番に読み進めてもよいですし、知りたい項目だけを読んでもわかるようになっています。読者の方にとって、保育所実習の強い味方になることを願ってやみません。

最後に、本書の刊行にあたって、資料提供に御協力いただきました学生のみなさん、イラストを描いてくださった井上絢子さんと、創成社の塚田尚寛さん、西田徹さんに心より御礼申し上げます。

2004年7月10日　　百瀬ユカリ

第六版によせて

本書の初版を2004年7月に刊行して以来、15年が経ちました。本書で学ばれた多くのみなさんが保育者となって活躍されていることは、何より喜ばしく思います。

社会情勢の変化に伴い、2018年に保育所保育指針が改定されました。その大きな特徴は、乳児保育と１歳以上３歳未満児の保育の「ねらい」と「内容」が充実したことと、保育所も幼稚園及び幼保連携型認定こども園とともに「幼児教育」を行う施設として明確に位置づけられたことです。

また、保育士の専門性向上のために、保育士の研修や職場づくりについての内容も記載されています。"保育所保育の基本""保育士の専門性"の大切さを改めて理解し、社会の保育ニーズへの対応と、保育士資格取得をめざして、保育所実習に臨んでいただきたいと思います。

これから保育所実習を行うみなさんが事前準備をスムーズに行い、安心して実習を迎え、充実した実習を経験できるよう願っております。本書の改訂にあたり、特にご助言・ご指導いただきました埼玉純真短期大学の丸山アヤ子先生をはじめ、資料提供に快く賛同していただいた関係各位、諸先生方、学生のみなさんに厚く御礼申し上げます。

最後に、当初より本書の出版・改訂版についてご尽力いただきました創成社の塚田尚寛社長、西田徹氏に心より感謝申し上げます。

2019年11月　　百瀬ユカリ

目　次
CONTENTS

Ⅳ 実習の後で

※法律上は「保育所」ですが、本書では統一して、「保育園、実習協力園、実習園、園」と表記することがあります。

Ⅰ　保育所実習の概要

1 保育実習と保育所実習

1 保育実習とは

保育実習は、保育士の資格を取得するための必須条件であり、現在の保育士養成校カリキュラムにおける「保育実習」の実施基準は、厚生労働省雇用均等・児童家庭局長通知により、その目的が以下のように示されています。

保育実習実施基準

第1　保育実習の目的

保育実習は、その習得した教科全体の知識、技能を基礎とし、これらを総合的に実践する応用能力を養うため、児童に対する理解を通じて保育の理論と実践の関係について習熟させることを目的とする。

(P.165参照)

「保育実習」は「保育実習Ⅰ」「保育実習Ⅱ」「保育実習Ⅲ」に分けられ、その内容は以下のようになっています。

保育実習Ⅰ……保育所実習※（2単位）
保育所以外の児童福祉施設や社会福祉施設での施設実習（2単位）
保育実習指導Ⅰ（実習に関する事前事後指導）（2単位）
※実習期間はおおむね20日間

＋

保育実習Ⅱ……保育所実習（2単位）
※実習期間はおおむね10日間

または、

保育実習Ⅲ……保育所以外の児童福祉施設や社会福祉施設での施設実習（2単位）
※実習期間はおおむね10日間

このように、保育士の資格取得のためには、保育実習Ⅰは必修、保育実習Ⅱ・Ⅲはいずれかを選択して実習することになっています。なお学校によって、科目の名称や期間設定が若干異なります。

※保育実習は、2015（平成27）年4月の子ども・子育て支援法の施行および児童福祉法の改正により、保育所実習の対象とする施設として、幼保連携型認定こども園や地域型保育事業（小規模保育事業（A 型、B 型）、家庭的保育事業、事業所内保育事業）が加わった。（P.165参照）

確認しましょう

保育士とは

平成15年から国家資格となった保育士は、以下のように定義されています。

児童福祉法第18条の4

この法律で、保育士とは、第18条の18第1項の登録を受け、保育士の名称を用いて、専門的知識及び技術をもつて、児童の保育及び児童の保護者に対する保育に関する指導を行うことを業とする者をいう。

このように保育士は、保育を行うだけではなく、子育て支援を積極的に実施することが求められています。

（注）

［1］**保育所とは**

保育所は児童福祉法によって以下のように定義されています。

児童福祉法第39条

保育所は、保育を必要とする乳児・幼児を日々保護者の下から通わせて保育を行うことを目的とする施設（利用定員が20人以上であるものに限り、幼保連携型認定こども園を除く。）とする。

② 保育所は、前項の規定にかかわらず、特に必要があるときは、保育を必要とするその他の児童を日々保護者の下から通わせて保育することができる（P.168参照）

［2］**保育所の役割**

保育所の役割は、「保育所保育指針」第1章1（1）に、以下のように記されています。

ア　保育所は、児童福祉法（昭和22年法律第164号）第39条の規定に基づき、保育を必要とする子どもの保育を行い、その健全な心身の発達を図ることを目的とする児童福祉施設であり、入所する子どもの最善の利益を考慮し、その福祉を積極的に増進することに最もふさわしい生活の場でなければならない。

イ　保育所は、その目的を達成するために、保育に関する専門性を有する職員が、家庭との緊密な連携の下に、子どもの状況や発達過程を踏まえ、保育所における環境を通して、養護及び教育を一体的に行うことを特性としている。

ウ　保育所は、入所する子どもを保育するとともに、家庭や地域の様々な社会資源との連携を図りながら、入所する子どもの保護者に対する支援及び地域の子育て家庭に対する支援等を行う役割を担うものである。

エ　保育所における保育士は、児童福祉法第18条の4の規定を踏まえ、保育所の役割及び機能が適切に発揮されるように、倫理観に裏付けられた専門的知識、技術及び判断をもって、子どもを保育するとともに、子どもの保護者に対する保育に関する指導を行うものであり、その職責を遂行するための専門性の向上に絶えず努めなければならない。

(P.169参照)

[3] 施設実習の施設とは

○保育実習Ⅰの施設（施設実習を含む）…乳児院、母子生活支援施設、障害児入所施設、児童発達支援センター（児童発達支援及び医療型児童発達支援を行うものに限る）、障害者支援施設、指定障害福祉サービス事業所（生活介護、自立訓練、就労移行支援又は就労継続支援を行うものに限る）、児童養護施設、児童心理治療施設、児童自立支援施設、児童相談所一時保護施設又は独立行政法人国立重度知的障害者総合施設のぞみの園。

○保育実習Ⅲの施設…児童厚生施設又は児童発達支援センターその他社会福祉関係諸法令の規定に基づき設置されている施設であって保育実習を行う施設として適当と認められるもの。

2 保育所実習の意義・目的

これまで学校での授業で学んできたさまざまな保育に関する知識や技術を基礎とし、それを保育の現場で実践し、保育の現状や子どもに対する理解を習熟することが目的です。また、保育士の使命と責任を自覚し、自己の人間形成に努める機会でもあるのです。

したがって、単なる興味本位や資格取得だけを目的とするなど、安易な気持ちで実習に参加することは許されません。実習に参加する以上は、常に自己を振り返り、保育者になるためには今何を学ぶべきかを常に考え、努力をすることが大切です。

1 保育実習（保育所における実習）のねらいと内容

(ねらい)

保育所の生活に参加し、乳幼児への理解を深めるとともに、保育所の機能とそこでの保育士の職務について学ぶ。

(内　容)※2

1. 実習施設について理解する。
2. 保育の一日の流れを理解し、参加する。
3. 子どもの観察や関わりを通して乳幼児の発達を理解する。
4. 保育計画・指導計画を理解する。
5. 生活や遊びなどの一部分を担当し、保育技術を習得する。
6. 職員間の役割分担とチームワークについて理解する。
7. 記録や保護者とのコミュニケーションなどを通して家庭・地域社会を理解する。
8. 子どもの最善の利益を具体化する方法について学ぶ。
9. 保育士としての倫理を具体的に学ぶ。
10. 安全及び疾病予防への配慮について理解する。

2 保育実習Ⅱのねらいと内容

(ねらい)※2

1. 保育所の保育を実際に実践し、保育士として必要な資質・能力・技能を習得する。
2. 家庭と地域の生活実態にふれて、子ども家庭福祉ニーズに対する理解力、判断力を養うとともに、子育てを支援するために必要とされる能力を養う。

（内　容）

1. 保育全般に参加し、保育技術を習得する。
2. 子どもの個人差について理解し、対応方法を理解する。特に発達の遅れや生活環境にともなう子どものニーズを理解し、その対応について学ぶ。
3. 指導計画を立案し、実際に実践する。
4. 子どもの家族とのコミュニケーションの方法を、具体的に修得する。
5. 地域社会に対する理解を深め、連携の方法について具体的に学ぶ。
6. 子どもの最善の利益への配慮を学ぶ。
7. 保育士としての職業倫理を理解する。
8. 保育所の保育士に求められる資質・能力・技術に照らし合わせて、自己の課題を明確にする。

※2 「保育実習指導Ⅰの目標および内容」および、「保育実習指導Ⅱの目標および内容」の資料も見て、大切なポイントを事前に確かめておくとよいでしょう（P.39、166、167参照）。

確認しましょう

幼稚園・保育所の概要

	幼稚園	保育所
免許・資格の区分	幼稚園教諭　二種 一種 専修	保育士資格
所轄官庁	文部科学省	厚生労働省
関連法規	教育基本法 学校教育法ほか	児童福祉法ほか
目的	幼稚園は、義務教育及びその後の教育の基礎を培うものとして、幼児を保育し、幼児の健やかな成長のために適当な環境を与えて、その心身の発達を助長することを目的とする。 （学校教育法第22条）	保育所は、保育を必要とする乳児・幼児を日々保護者の下から通わせて保育を行うことを目的とする施設（利用定員が二十人以上であるものに限り、幼保連携型認定こども園を除く。）とする。 2　保育所は、前項の規定にかかわらず、特に必要があるときは、保育を必要とするその他の児童を日々保護者の下から通わせて保育することができる。 （児童福祉法第39条）
教育　保育の内容	幼稚園教育要領に基づく	保育所保育指針に基づく
対象児	満３歳～就学前の幼児	０歳～就学前の幼児
時間	**１日の教育時間は４時間**を標準とする。また、毎学年の教育週数は、39週を下ってはならない。 （幼稚園教育要領第一章総則　第２の２、３）	保育所における保育時間は、一日につき**８時間**を原則とし、その地方における乳幼児の保護者の労働時間その他家庭の状況等を考慮して、保育所の長がこれを定める。 （児童福祉施設の設備及び運営に関する基準第34条）
保育者１人あたりの子どもの数	35：1 （幼稚園設置基準　第３条）	３：１（０歳児） ６：１（１・２歳児） 20：１（３歳児） 35：１（４・５歳児） （児童福祉施設の設備及び運営に関する基準第33条）
保育室の設置基準	職員室 保育室 遊戯室 保健室 便所 飲料水用設備、手洗用設備、足洗用設備 （幼稚園設置基準　第９条）	乳児：乳児室（1.65㎡／人） ほふく室（3.3㎡／人） 医務室　調理室　便所 幼児：保育室（1.98㎡／人） 又は遊戯室（3.3㎡／人） 屋外遊戯場　調理室　便所 （児童福祉施設の設備及び運営に関する基準第32条）
職員	園長 副園長＊ 教諭 養護教諭＊ 事務職員＊（＊は努力） （幼稚園設置基準　第５条）	保育士 嘱託医 調理員 （児童福祉施設の設備及び運営に関する基準第33条）

認定こども園の概要

	認定こども園
免許・資格の区分	保育教諭＝幼稚園教諭免許・保育士資格両方を持つ者 ただしいずれかの場合にはつぎのような区分となる ０～２歳児：保育士資格保有者 ３～５歳児：幼稚園教諭免許保有者
所轄官庁	内閣府
関連法規	就学前の子どもに関する教育、保育等の総合的な提供の推進に関する法律（略称：認定こども園法）
目的	（1）就学前の子どもに幼児教育・保育を提供する機能（保護者が働いている、いないにかかわらず受け入れて、教育・保育を一体的に行う機能） （2）地域における子育て支援を行う機能（すべての子育て家庭を対象に、子育て不安に対応した相談活動や、親子の集いの場の提供などを行う機能）を備える施設で、都道府県知事が「認定こども園」として認定した施設
教育 保育の内容	幼保連携型認定こども園「教育・保育要領」（平成26年4月30日告示）
対象児	０歳～就学前の幼児
時間	短時間利用児は4時間 長時間利用児は8時間
保育者の数	保育所に準ずる
４つのタイプ＊	**幼保連携型**：認可幼稚園と認可保育所が連携して一体的な運営を行う **幼稚園型**：認可幼稚園が保育を必要とする子どものための保育時間を確保するなど保育所的な機能を備える **保育所型**：認可保育所が、保育を必要とする子ども以外の子どもも受け入れるなど幼稚園的な機能を備える **地方裁量型**：幼稚園・保育所いずれの認可もない地域の教育・保育施設が必要な機能を備える

＊認定こども園での実習については、タイプによって実習先として認められるかどうかが異なります。各学校の基準にしたがってください。

出所：文部科学省・厚生労働省　幼保連携推進室 HP より。

3 実習生の心構え

実習は、保育士養成校の授業の一環として、実習協力園との密接な連携と信頼関係によって実施されるものです。ですから、常に所属する学校の学生として参加することを自覚しなければなりません。

実習生として守らなければならない基本事項は以下のとおりです。

1 礼節・謙虚

実習は、「させていただいている」ということを忘れずに、常に礼節をわきまえ謙虚な態度が大切です。またどんな場合でも、実習先の保育者の指示に従うことはいうまでもありません。学校での事前授業の内容と現場での指示が異なる場合は、担当保育者の指示を優先しましょう。

2 挨　拶

さわやかな挨拶は生活の基本です。軽く会釈をして「おはようございます」「よろしくお願いします」などと、明るく、語尾まではっきりと相手に聞こえるように挨拶しましょう。自分では挨拶をしたつもりでも、相手に伝わっていないこともよくあります。相手の目を見て、きちんとした挨拶を心がけましょう。

呼ばれたときや、何か頼まれたときには、「はい」と返事をしてすぐに行動に移りましょう。

3 目的意識を持ち、積極的に行動する

実習の課題を明確にし、積極的に行動しましょう。わからないことがあったら、遠慮せずに担当の保育者に質問し、その日の疑問はその日のうちに解決することが大切です。

実習の課題（例）

①乳幼児の姿を知る

②保育者の役割や職務を理解する

③保育技術を習得する

④保育所の役割と機能を知る

⑤保育ニーズの多様化を知る（延長保育、障害児保育、緊急一時保育、地域の子育て支援センターとしての役割、など）

参考：保育ニーズの多様化については、保育所保育指針などで理解を深めておきましょう。
実習園にはどのような特徴があるのか（たとえば、延長保育・障害児保育を行っている）を知ることで、保育所のおかれている現状を体験をとおして学ぶことができます。

4 学生としての立場を忘れないこと

実習園は、学校からの依頼を受けて実習を引き受けています。園にとっては日常の保育だけでも大変な中で、実習生を指導することは負担が大きいものです。けれども、後輩の保育者を育てたいという熱意と努力、そして、学校や実習関係の先生方とのつながりで受け入れてくださっています。学校の代表としての自分の立場を自覚して行動しましょう。

5 事前に許可・事後に報告

自分の持ち場を離れるときや、園のものを使用するときなどには、担当の保育者に必ずことわりましょう。仕事を頼まれたら、最善を尽くして取り組み、終わったら「終わりました。これでよろしいでしょうか」と報告をします。

また、手が空いたときは「何をしたらよろしいですか」とたずね、常にてきぱきと行動し、ぼんやりすることがないように心がけましょう。自分から気付いて何かをする場合には必ず「～してもよろしいでしょうか」と相談し、許可をいただいてから動くようにしましょう（P.50参照）。

6 個人情報の取り扱いは慎重に

子どもについて理解するために、家庭環境を知ることは大切です。園の一般的傾向としての保護者の職業構成などはオリエンテーションの時や、配属されたクラス担任から話される場合が多いものです。

特に、あらかじめ担任より、家庭の事情に問題のある子どもについて話される場合や、家庭環境調査票を見せてくれる場合があります。これは、担任が子どもを理解するための1つの要因として家庭環境を知らせてくれたのであって、他の場所（学校や家庭、近隣等）で知りえた情報を話題にしてはなりません。

また、実習日誌の内容にも個人情報が含まれています。実習後にもその取り扱いに十分に注意し、守秘義務を忘れないようにしましょう。

言うまでもないことですが、実習中に勝手に記録として実習園を撮影したり、それを携帯やSNSなどに掲載、配信するようなことは絶対に許されません。

7 実習日誌はていねいに書く

実習中は、必ず毎日「実習日誌」を書きます。そして、その内容を指導担当の保育者に見ていただきます。このことだけでも、文字をていねいに書くことの大切さは十分わかることでしょう。また、部分実習や責任実習では「実習日誌」のほかに、「指導計画案」を書くことになります。くれぐれも誤字や脱字のないように注意し、曖昧な場合は国語辞典で確認しましょう（実習日誌の書き方についてはP.82参照、指導計画案についてはP.64参照）。

8 言葉づかいに注意

実習は、「指導していただいている」という感謝の気持ちを忘れないようにしましょう。そうすると、おのずと言葉づかいもていねいになります。また実習生も、園の中では先生として子どもたちと生活しています。保護者や来客者に対しても、失礼のないよう礼儀正しく対応します。

保護者には、特に最初が肝心です。初日の朝、「おはようございます、実習生の○○です。今日から2 週間よろしくお願いします」としっかり挨拶しましょう。子どもたちと遊んでいたとしても、受け入れのときには保護者に挨拶することを忘れずにいてください。

実習中に業者の方をはじめ来客があった場合は、自分で勝手に処理しないで「実習生ですので」とことわってから園の職員に取り次ぐようにしましょう。

園にかかってくる電話については、電話には出ずに、職員に知らせるのが一般的です（園の先生の指示に従いましょう）。

言葉づかいは、実習が始まってから気をつけるだけではうまくいきません。日常生活の中で、ていねいな言葉づかいを心がけましょう。

9 時間厳守

時間を守ることは、社会人としての基本的なマナーの1つです。実習開始の20分前には準備ができていることを目安に出勤しましょう。ラッシュ時の所要時間を前もって調べておき、遅刻をしないように早めに家を出るようにします。

やむを得ず遅刻や早退、欠勤をするときは、すぐに実習先と学校に連絡をします。実習先の電話番号と、学校の電話番号は常に携帯しておきましょう。そして「ご迷惑をおかけしますが」と、お詫びの言葉を添え、事情をはっきりと伝えるようにしましょう（P.137参照）。

⑩ 衛生管理と健康管理

保育所での実習は、抵抗力の少ない乳幼児が相手です。実習にあたって、事前に細菌検査を受け、非保菌者であることを確認しないと実習はできません。日ごろから衛生的な生活を心がけることが、事前準備の第一歩といえます。

普段からカゼをひきやすいとか、夜型の生活をしていて朝がつらいと感じる人は、今から生活習慣を見直し、改善できることはすぐにでも実行しましょう。健康管理ができていないと実習はできません。

⑪ 明るく笑顔で

保育所の子どもたちは、親から離れてどこかに寂しさを感じていることが多いものです。そんな子どもたちにとって、大好きな先生や実習生の笑顔が、安定した気持ちで園生活を送る原動力になっています。もちろん実習中、時には落ち込んだり不安になったりすることもありますが、そんなときでも子どもたちには暗い顔を見せずに、笑顔で接しましょう。

⑫ 実習生も「先生」です

実習生も子どもにとっては「先生」です。子どもたちは、あなたの話し方、態度、しぐさなどを全身で受け止めています。そしてそのまま子ども自身の行動や言葉に反映され、大きな影響を与えていることを忘れないでください。

◇ワンポイントアドバイス①：実習前の心の準備◇

初めての実習を前に、不安ばかりがふくらんで、神経質になっていませんか。中には、「眠れない」「食欲がない」「体調を崩してしまった」という人もいるようです。

そんなときは子どもたちと楽しく遊んでいる自分をイメージしましょう。「かわいい子どもたちと何をして遊ぼうかな」「どんなことをしたら楽しいかな」などと考えてみたらワクワクしてきますよ！

4 実習の流れ

保育所実習前後の流れは、養成校・実習園によってさまざまです。ここでは、あくまでも目安として、一般的な例を紹介します。

〈実習前〉

学校内のガイダンス………実習事前指導の授業
　○実習の意味、目的、課題の確認
　○実習日誌・指導計画案の書き方など

↓

実習園の決定………………養成校の指示に従って決める（P.21参照）。

実習先でのオリエンテーション………実習園の保育目標やきまりなどを知る。

〈実習中〉

観察（見学）実習…………保育者の保育方法をよく見る。
（1日の生活の流れ、子どもの活動の様子、保育者の援助、環境構成など）

↓

参加実習……………………子どもとかかわり、保育者の補助的な動きをする。

↓

責任実習
（部分実習）…………1日のうちの特定の時間あるいは特定の活動を実習生が担当する。

↓

（全日実習）…………1日（登園から降園まで），担任と同じようにすべての保育を実習生が担当する。

↓

〈実習後〉

実習園での反省（会）……園での反省がある場合がある。
※実習最終日には先生方にお礼を言うことを忘れずに…。

↓

学校に戻ってからの報告…学校によってその方法は違います。
よく確かめておきましょう。
○学校の事後指導を受ける。
○実習日誌、報告書の提出。
○巡回訪問指導に来ていただいた先生にも忘れずにお礼の挨拶と実習の報告をする。
○実習園にお礼状をだす。

↓

実習の評価…………………実習園の評価を受ける。
自己評価を行う（次の実習に備える）。
○新しい課題を明確にする。

5 実習から何を学ぶか

実習における毎日の体験は、その1つひとつが大切な学びにつながっていきます。目的意識を持たずにただ参加するだけでは意味がありません。ここで、改めて実習の意味を考えてみましょう。

1 子どもの年齢別の発達の特徴について学ぶ

保育所には、0歳児から就学前の6歳児までが生活をしています。

保育士を目指す者として、子どもの発達の過程を学ぶことは、基本中の基本です。また、同じクラスの子どもでも、同時期に同様な成長の姿をみせるわけではありません。保育は、子ども一人一人の個人差を捉えて行う必要があるのです。

子どもは、心身の成長にともない、それぞれの子どもに応じた興味、好奇心を持ち、それまでに身につけてきた知識、能力を基にして、生活環境の中にある対象へ自発的に働きかけます。発達とは、その対象との相互作用の結果として、新たな態度や知識、能力を身につけていく過程なのです。

そのことを念頭において、保育所実習を通して、年齢ごとの子どもの発達と遊びの過程、その年齢と場面に応じたかかわり方を学びましょう。

事前の準備として、各年齢の発達の主な特徴を、確認しましょう。配属されるクラスがわかったら、保育所保育指針の該当する箇所をよく読んでおきましょう（P.38のコラム1も参照）。

2 子どもとかかわって学ぶ

みなさんは学校の授業、たとえば「造形表現」や「指導技術」などで保育の実技についても学んでいることでしょう。しかし、現場で子どもと接して実践してみると、思いどおりにいかないことがたくさん出てきます。たとえば、

○絵本の読み聞かせをする前に、子どもたちがなかなか落ち着かず、どうしたらよいのかわからなくなってしまった。

○紙コップでパクパク人形を作って遊ぶ活動のつもりだったのに、作るだけで時間がかかり、最後は時間がとれなくて十分に遊べず、楽しめなかった。

○製作でのりをつける位置を説明したとき、「どうやるの」「わからない」という子どもに対応しているうちに混乱してしまった。

○いすとりゲームで、指示したとおりにできる子どもとできない子どもの差があり、予定していた時間内にできなかった（予定していた時間の倍近くかかってしまった）。

○読み聞かせやピアノの練習は十分にしたつもりだったし、早めに指導案も書いて指導してもらったが、実際にはまったくうまくできなかった。

「どうしていいのかわからない‼」…これが実習なのです。学校で学んだことを実際に保育の中でやってみると、予想もしなかったさまざまなことに出会います。こうした出来事の多くは、実習生にとっては「失敗」なのかもしれません。

けれども、失敗したことで、

○何が足りなかったのか、
○どうすればよかったのか、
○今後どんなことに気をつければよいのか、

といった「課題」が見つかるのです。

「失敗」は「課題」と考えましょう。こうした「課題」は現場の保育者のアドバイスですぐに改善できることもありますし、何度も経験しないと直せない場合もあります。いずれにしても、学校の授業で学んだことと、保育の中での実際は、その両方が一体となってはじめて、保育者としての専門性が培われるのです。それが、実習を通じて体験できるはずです。「失敗」は、実習生の特権です。失敗を恐れずに、いろいろなことに挑戦させていただきましょう。

3 問題意識を持って

実習は日数が限られていますので、自分なりの目標をしっかり持っていないと、成果が少なく、「子どもがかわいかった」「先生方が親切でよかった」といった感想だけで終わってしまいます。

一方、自分の課題を意識していると、「担当の先生に食事のときの配慮点を聞いて参考になった」「同じ月齢であっても、ねむりの回数や長さ、深さに違いがみられた」「けんかの仲裁の仕方がわかった」といった具体的な成果が確認できます。

また、「こんなことを先生に聞きたかった」「お店やさんごっこの様子をもっと観察したかった」といった問題点も明らかになるでしょう。このような課題を明らかにすることがその後の学びにつながるのです。

4 保育所の機能・環境について学ぶ

保育所の機能・役割・園内環境の実際などについて知ることも保育実習の大切な学びの1つです。保育所と地域や行政とのかかわりや園が抱える問題点についてもできる範囲で学びたいものです。

保育所によって規模や環境、保育目標、保育内容が異なる部分もあります。ですから、自分の実体験だけでなく、報告会や自由な時間に友達の実習日誌を見せてもらったり、お互いの体験を話し合ったりして情報交換をしてみましょう。保育の現場の実際や、問題点について体験的に学ぶことができます（P.159参照）。

5 食育の推進について学ぶ

乳幼児期における望ましい食習慣の定着と食を通しての人間性の形成・家族関係づくりによる心身の健全育成を図ることは重要です。そのため、保育所では食に関する取り組みをどのように進めているのかを学びましょう。

＜食育の推進＞（『保育所保育指針解説』フレーベル館、P.310 ～）

（1）保育所の特性を生かした食育

ア　保育所における食育は、健康な生活の基本としての「食を営む力」の育成

イ　子どもの生活と遊びの中で、意欲をもって食に関わる体験を積み重ね、食べることを楽しみ、食事を楽しみ合う子どもに成長していく

ウ　乳幼児期にふさわしい食生活が展開され、適切な援助が行われる

（2）食育の環境の整備等

ア　子どもが自らの感覚や体験を通して、自然の恵みとしての食材や食の循環・環境への意識、調理する人への感謝の気持ちが育つように配慮する

イ　保護者や地域の多様な関係者との連携及び協働の下で、食に関する取組が進められること

ウ　体調不良、食物アレルギー、障害のある子どもなど、一人一人の子どもの心身の状態等に応じ、嘱託医、かかりつけ医等の指示や協力の下に適切に対応すること

6 保育所における安全、衛生管理について学ぶ

乳幼児は抵抗力が弱く、病気や感染症にかかりやすいため、常に清潔な環境が保てるように配慮する必要があります。日頃からどのように清掃・消毒等を行っているのか、使用する清掃薬品や消毒薬の保管・管理の仕方はどうしているのかなどを学びましょう。

＜衛生管理の項目＞（『保育所保育指針解説』フレーベル館、P.316 ～）

保育所では、保育室、トイレ、調理室、調乳室、園庭、プールなどの衛生管理に配慮する必要があります。

新しい保育所保育指針には、第３章に災害への対策も加わりました。実習園での取り組みを学びましょう。

□保育室：直接口に触れる玩具や、歯ブラシ・コップ、寝具、床、棚などの清潔・清掃。おむつ交換台・トイレ・汚物槽・ドアノブ・手洗い用の蛇口・沐浴槽などの消毒剤や消毒液などを用いての清掃

□調理室と調乳室：室内及び調理・調乳器具、食器、食品の品質管理。入室の際の白衣（エプロン）や三角巾の着用とその清潔

□園庭や砂場：動物の糞尿、樹木・雑草の管理、害虫などの駆除や消毒。小動物など飼育施設の清潔 等

□プール：消毒や水の管理。安全管理の徹底。特にビニールプールの使用の際の感染症の予防 等

7 実習は、すべてが勉強

実習は、学校で学ぶことのできない保育の実務について学べる機会です。子どもとかかわるだけではなく、掃除・教材の準備と片付け・飼育物の世話・保護者とのかかわりなど、何でもやらせてもらう、何でも吸収させてもらうという積極的な姿勢が大切です。

8 保育者には体力が必須条件

実習は体力も気力も必要です。たとえば「2週間の実習で、日中の活動だけでもつらいのに、毎日の日誌に4時間もかかってしまい、寝不足が続き、最後のほうはふらふらになってしまいました」といった経験談もよく聞きます。しかし、現場の保育者はこれを毎日1年間をとおしてやっているのです。実習をとおして、体力の大切さを実感することでしょう。

9 保育者の助言の中から学ぶ

担当の保育者からは、「日誌の記入に関して」「子どもとのかかわりについて」「言葉づかい」「掃除の仕方」など、さまざまな観点から時には厳しいアドバイスをいただくことがあります。他では教わることのできない貴重な助言ですから、謙虚に受け止めましょう。

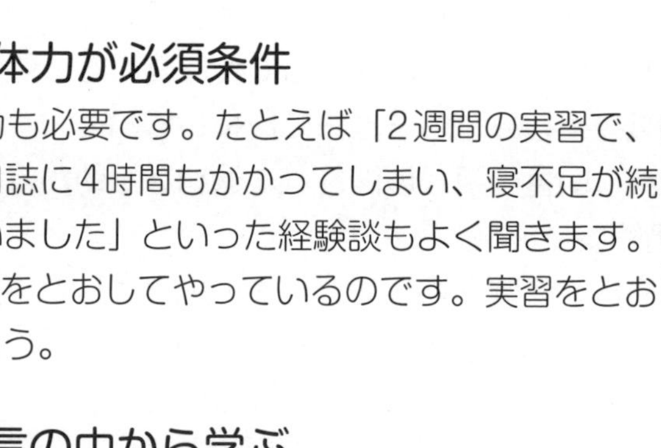

6 事前に学んでおくこと

1 授業で学んだことの復習

実習は、単に子どもと遊んでいればよいというものではありません。これまで幼児教育・保育について学んできたことが、実際の子どもとの生活の中でどのようになっているのかを確かめる場でもあります。特に以下の科目について、今までの学びを振り返り（ノート・教科書等）、自分なりの学びの目標を明確にすることで、実習中の取り組みがより意欲的になります。

○保育原理・保育過程総論（教育課程総論）
○発達心理学（乳幼児心理学）（保育の心理学）
○保育者論
○保育内容関連科目
○実習関連科目・保育技術（指導技術）
○保育所保育指針など

読み直しておきたいポイントは「保育所保育の基本原則」「養護に関する基本事項」「保育の内容」「乳幼児の発達とその時期の特徴」等です。また、「実習に役立つ実技」もいくつか身につけておきましょう（P.140～参照）。

2 保育所保育指針の改定のポイントを理解しておく

「保育所保育指針」は、1965（昭和40）年に最初に制定され、前回の改定は2018（平成30）年。今回は10年ぶりの大きな改定です。今回の改定で大きなポイントは以下の２つです。

○乳児保育と１歳以上３歳未満児の保育の「ねらい」と「内容」の記載が充実
　乳児保育、３歳未満児保育を行う際のポイントが、より丁寧に解説されています。
○保育所が日本の「幼児教育施設」として位置付けられたこと
　保育所も「幼児教育」を行う施設として設定され、幼稚園や幼保連携型認定こども園とともに「幼児教育のあり方」を明確にしています。

以下の通り、幼稚園やこども園と共通する大きな改定が２つあります。

○幼児教育の目的を明確にし、共通化する

〇小学校就学後のつながりを明確にし、共通化する

このため、幼児教育において育みたい資質・能力の3つの柱（1：知識及び技能の基礎、2：思考力、判断力、表現力等の基礎、3：学びに向かう力、人間性等）と「幼児期の終わりまでに育って欲しい10の姿」を明確にしています。そしてその意識が小学校入学後にも引き継がれるように設定されています。

その他の改定のポイントは以下のとおりです。実習前に確認しておきましょう。

〇養護の重要性の強調「養護と教育を一体的に行う」
〇大きな災害への備えと健康及び安全への配慮
〇子育て支援の必要性の強調と工夫
〇職員の専門性向上を目指す職場づくりと研修計画、キャリアパスの大切さ
〇小規模保育と家庭的保育での配慮

◇ワンポイントアドバイス②：幼児期の終わりまでに育ってほしい姿◇

健康な心と体、自立心、協同性、道徳性・規範意識の芽生え、社会生活との関わり、思考力の芽生え、自然との関わり・生命尊重、数量や図形、標識や文字などへの関心・感覚、言葉による伝え合い、豊かな感性と表現（P.172参照）

〇幼稚園・保育所・幼保連携型認定こども園と小学校の教員が持つ5歳児修了時の姿が共有化されることにより、幼児教育と小学校教育との接続の一層の強化が図られることを期待。
〇3歳児、4歳児それぞれの時期にふさわしい指導の積み重ねが、この「幼児期の終わりまでに育ってほしい姿」につながっていくことに留意。

7 実習園が決まったら

実習生にとって、どこの園で実習を行うのかということは大いに気になることだと思います。

実習園の決定は、養成校の実習に対する方針、実習の種類、カリキュラムなどによって決め方はさまざまです。それぞれの学校の学内規則に基づき、あらかじめ説明が行われますから、よく聞いて、決定方法について理解したうえで実習の準備に取り組んでください。

1 実習園について

実習園には、以下の条件が満たされています。

①園長をはじめ職員が実習に対する理解があり、実習生を指導する能力と熱意がある。
②実習中はもちろん、実習前後にも養成校と相互に連絡をとり合える。
③お互いに保育士養成の目的、方法についての意見交換ができる。
④厚生労働省で定めた認可保育所である（※その他、P.165参照）。

2 実習園の決め方

①養成校が実習協力園の中から、実習生一人一人に指定する。
②実習協力園の中から実習生一人一人が自分で選ぶ。
③養成校と実習生一人一人が話し合い、将来の進路や実習中の通勤条件などを考慮して養成校が決める。
④実習生一人一人が自分で各園と交渉し、内諾を得てから改めて養成校が依頼する。

こうした決定方法の中でも、最も一般的なのは①です。養成校によっては、実習生の状況に応じて上記の方法を組み合わせて決定しているところもあります。

※実習園は、1で述べたように条件があり、どこの園でもよいというわけにはいきません。そのため数にも限りがあり、必ずしも実習生本人の希望どおりの園に決定されない場合もあります。希望どおりにならなかった場合も、前向きに準備を進めて、実習で1つでも多くのことを学びとれるようにしましょう。

◇ワンポイントアドバイス③：好ましくない印象の実習生は？◇

①挨拶・言葉づかいができていない
②声が小さく、消極的
③気がきかない
となっています。

思い当たることはありませんか？　もしあったら、今から、少しずつでも意識して自分の言動に気を配るようにしていきましょう。

MEMO　～あなたの実習園は～

実習園 (名)

所在地

連絡先 (Tel.)

8 オリエンテーションについて

1 オリエンテーションの注意事項

実習に先立ち、実習園でオリエンテーション（事前指導）が行われます。実習園に伺うのですから、ここからすでに実習が始まっているものと心得ましょう。

オリエンテーションの日時については、実習の1カ月前を目安に、実習園に電話で連絡をして指示を受けましょう。複数の実習生が同一園で実習する場合は、何度も同じことを伺うことのないように、連絡係を決めましょう。

(1) 電話での依頼の仕方

複数の実習生が同じ園で実習する場合は、連絡係が代表して電話をかけます。

電話でオリエンテーションの依頼をする際には、必ずメモと筆記用具、予定表を用意しておきましょう。電話をかける時間帯は、午前10時から11時までと午後1時から2時半ごろが適当です。

＜電話でのオリエンテーションの依頼の仕方（例）＞

①「○○保育所（園）でしょうか」
　→電話をかけた先を確認します。

②「私は○月に実習をさせていただくお願いをしておりました、△△大学の□年の○○と申します」
　→自分をきちんと名乗ります。

③「実習のオリエンテーションの件でお電話いたしましたが、園長先生か実習担当の先生はいらっしゃいますか」
　→実習担当の先生につないでもらいます。　※実習担当の先生が不在の場合→
　「それでは、後ほど改めてお電話させていただきます。いつ頃お電話をさせていただいたらよろしいでしょうか」と伺い、その時間にかけ直せる場合は「わかりました。○時頃に改めてお電話させていただきます。ありがとうございました」、その時間にかけ直せない場合は、「申し訳ございません。○時頃は、授業中ですので、その後の□時頃でもよろしいでしょうか」などと、確認をする。あとは、前述と同様 → お礼を述べて、相手が電話を切ったことを確認してからこちらの電話を切ります。

④「○月に実習をお引き受けいただきましてありがとうございました。○月○日から始まる実習のオリエンテーションをお願いしたいのですが、いつお伺いしたらよろしいでしょうか」

→用件を伝えます。先方の指定する日時で都合がよければ決定し、学校行事などで都合がつかなければ「申し訳ございません、その日は○○が予定されておりますので他にご都合のよろしい日はございませんでしょうか？」と相談します。

⑤「○月○日○時でよろしいですね」

→日程調整をし、決まったら復唱して確認します。ほかにお願いすることがあれば伝えます。(例：「その日に保育所（園）を見学させていただきたいのですが」)。

→学校行事や試験期間に当たる場合や、実習生が複数名いる場合など、即答できない場合は、(例)「○月○日○時ですね。ありがとうございます。申し訳ございませんが、他の実習生の学校関係の都合を確認させていただいてから、改めてお返事させていただきますので、少々お時間をいただいてもよろしいでしょうか」→日時の確認とお礼を述べて、相手が電話を切ったことを確認してからこちらの電話を切ります。確認後、再度電話します。

⑥「お忙しいところありがとうございました。それでは○月○日○時にお伺いさせていただきます。よろしくお願いいたします。失礼いたします」

→お礼を述べて、相手が電話を切ったことを確認してからこちらの電話を切ります。

(2) オリエンテーションに持っていくもの

□筆記用具

□実習日誌

□メモ帳（絵柄のないノートがよい）

□上履き（学校の上履きでもよいがきれいなもの）またはスリッパ

(3) オリエンテーションで気をつけたいこと

オリエンテーションは、実習直前の大切な事前指導です。実習先に初めて伺う機会なのですから、よい印象を与えたいものです。

①当日は、派手でない、清潔な服装（黒か紺、グレーのスーツがよい）にしましょう。

②時間厳守は言うまでもありません。

③清潔感と明るさの好感を持っていただけるよう、身だしなみにも十分配慮しましょう（特に毛髪、化粧、爪など、P.34参照)。

④挨拶や言葉づかいにも気を配り、社会人としての自覚を持って行動しましょう。

⑤あまり緊張しすぎないで、明るくにこやかに接しましょう。

2 オリエンテーションの主な内容

(1) 保育所の概要（設置主体、沿革、規模、特色、クラス構成、園児数、施設設備、地域環境など）

(2) 保育方針、保育内容、特色

(3) 1日の保育の流れ（デイリープログラム）

(4) 年間保育計画

(5) 実習受け入れ指導計画

(6) 実習前に準備しておくもの（園の歌、生活の歌などその楽譜）

(7) 実習生の実習配属クラスについて（担任の紹介、子どもたちの特徴）

(8) 実習生の心得

(9) 実習期間中に必要な給食費、教材費など

(10) その他、実習に必要な具体的な事項（実習中の服装、出退勤の時刻）など

○保育中にはどのような服装がよいのか

○持ち物について

○実習日誌の提出方法（その日に提出するのか、帰宅してから書いて翌朝提出するのか、だれに提出するのかなど）を確認しておきましょう。

○実習するクラスが決まっているのであれば、今どのようなことをしているのか、どのような状況なのかなどを担任の保育者から伺っておきましょう（担任の保育者とお話ができない場合もあるので、可能なら見学させてもらうとよいです）。

○確認したいことは、あらかじめメモをしておき、オリエンテーションにのぞみましょう。指導を受けたことは、メモをとっておき、準備に活かしましょう。

○可能であれば、延長保育や早朝保育の時間帯も実習させていただくよう申し出てみましょう。貴重な体験ができます。

○実習園に伺う前に、その園のホームページを見て、保育方針や子どもの数など、ある程度調べておきましょう。保育方針は園によってさまざま（例：モンテッソーリ保育、縦割り保育、キリスト教保育、仏教保育など）です。

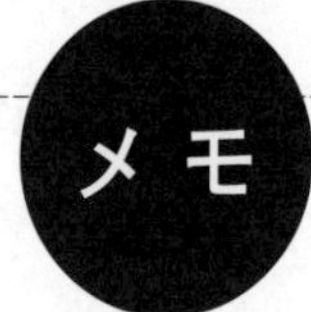

オリエンテーションで聞いておきたいこと

◇実習中の勤務時間
◇何歳児クラスに入るのか
◇園の目標、園内の部屋の配置、各クラスの人数、担任の数、園の特徴など（園のしおり・年間行事計画などの資料をいただきましょう。そのときにいただけなかったら、実習の初日に担当の先生に聞いてみましょう。）
◇服装について
（エプロンは必要か、園指定の保育着があるのか、名札はどうするのか、上履きはどんなものがよいかなど）
◇実習日誌を見てもらい、いつ提出するのか確認する
◇部分実習、責任実習をどのクラスでいつ行うのか
（後期に、希望を聞かれることがあります。）
◇昼食について
（給食の場合、給食費はいつ支払うのか尋ね、支払い忘れのないようにしましょう。）
◇初日の出勤時刻（何時までに、保育着に着替えて準備完了しておくようにすればいいのか。）

※このページをコピーして、オリエンテーションの際に持参して活用するとよいでしょう。

Ⅱ 実習の準備

9　実習に必要な書類

実習の種類や養成校によって、取り揃える書類は異なりますが、少なくとも調査書または個人票（本人自筆の履歴書）と健康診断書が必要です。きちんとていねいに、誤りがないよう記入し、必要な書類の確認をして、提出期限を守らなければなりません。

1　調査書または個人票（本人自筆の履歴書）

実習にあたり、本人自筆の履歴書のような書類を用意する場合があります。「今回、こういう学生が、実習させていただきますのでよろしくお願いします」という意味で、本人より先に実習園の園長先生はじめ担任などと書類上の面接が行われるのです。

通常、養成校独自の様式がありますが、学校名、学年、クラス、所属学科、学歴、職歴、部活動、趣味・特技、現住所、家族関係などを記入します。

「実習にあたっての心構え」（所感）や、「自己評価」「実習課題」等を書く場合もあります。写真は、3ヶ月以内に撮影したものを貼付します。

2回目以降の実習の場合は、以前どんなところで実習したかという実習履歴も記述します。

※記述にあたっては、誤字・脱字のないように楷書で、黒のペン書きをします。別紙に下書きをしておき、修正液を極力使用しないようにしましょう。受け入れ側への印象が、まったくと言っていいほど違います。

2　調査書（個人票）の記入について

先に述べたように、調査書が本人より先に実習園で紹介されるので、その記載内容は実習生としてふさわしいものでなければなりません。項目別のポイントを知って、下書きをしてみましょう。

（1）自己評価：保育所実習の実習生としての自分を表現するにふさわしい表現を考えましょう。短所については、「優柔不断」「決断力に欠ける」といった表現より、プラス的な表現で記入するとよいでしょう。

＜例文＞長　所・明朗活発で、誰に対しても優しく接することができる。
・一度決めたことは、最後まであきらめずに取り組む。
・周りの人との協調性がある。
短　所・物事を慎重に考え過ぎてしまうことがある。
・ていねいに物事に取り組むため、ゆっくりになってしまうことがある。

（2）特技・資格：ここで自分らしさを存分に表現したいと思う人もいるかもしれませんが、細かい説明は口頭で聞かれたら答えるような書き方にしましょう。

＜例文＞・スポーツ　・音楽　・お菓子作り　・手芸　・書道
・漢字検定3級　・普通自動車免許
※資格の記載内容については、養成校によって指示が異なりますので、気をつけましょう（運転免許については記入しない等）。

（3）健康状態：特に知らせておいたほうがよいことがある場合のみ記入しましょう（必要なら診断書を提出すること）。

＜例文＞・良好
・食物アレルギー（卵）　保育に支障なし

（4）実習の課題：文章で記入しても、箇条書きでもよいでしょう。前期実習（保育実習Ⅰ）、後期実習（保育実習Ⅱ）それぞれの観点を改めて認識し、自分は実習で何を学ぼうとしているのかを、しっかりと確認しておきましょう。例文を参考に、自分の言葉で表現してみましょう。

＜例文＞
○保育所での1日の流れを理解し、保育士の職務内容を学ぶ。
○子どもの発達を理解し、各年齢の子どもの遊びについて学ぶ。
○先生方が、子どもとかかわる時にどのような点について配慮しているのかを学ぶ。
○子どもへの言葉掛けや対応の仕方について学ぶ。
○保育室や園庭など、子どもが楽しく安全に過ごすための環境構成について知る。
○子どもの意欲を引き出す保育者の働きかけや援助の仕方などを学び、実践できるようにする。
○保育計画の意義を理解し、指導計画の立案・実践を通して保育技術を習得する。
○地域における保育所の役割（子育て支援）を理解する。

（5）実習への抱負：「実習に向けて、このような気持ちで取り組みたいと思います」という内容を書きます。実習生としての心構えを、きちんとした表現で実習園の先生方に伝えましょう。例文を参考に、自分の気持ちをまとめて書いてみましょう。

<例文>

○私は、保育士を目指して、学校で勉強に励んでいます。実習では、人的環境の一員であることを自覚し、言葉づかいや挨拶、日常的な生活態度など子どもたちのお手本になれるように心掛けていきたいと思います。……

○私は、常に子どもの目線になって考え、行動できる保育者になりたいと思っています。そのためにも、保育者としての使命感、責任感を自覚し、子どもと共に成長できるよう頑張りたいと思います。……

○私は、……。今回の実習では、授業で学んだことを保育の場でどのようにいかしたらよいか、実際に体験し、学びたいと思います。常に目的意識を持ち、笑顔を絶やさずに何事にも取り組んでいきたいと思っています。先生方にはご迷惑をおかけすることもあると思いますが、ご指導・ご助言のほど、よろしくお願いいたします。

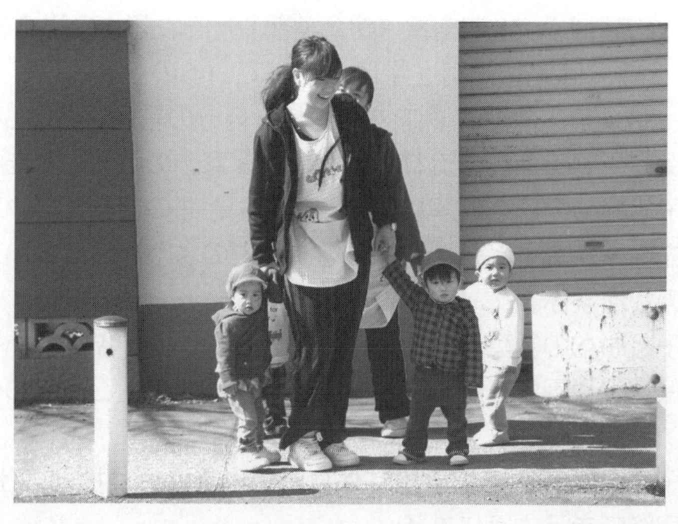

＜調査書の例＞

実習生個人票

年　　月　　日現在

○○○○大学　文学部教育学科　2 年　学籍番号：		
フリガナ	コバヤシ　エリカ	男・女（女に○）
氏　名	小林　枝里香	
生年月日	年　　月　　日（実習初日現在　　歳）	
実習中の住　所	〒○○○-○○○○ ○○県○○○市○区○○町○-○○○-○ 電話番号（○○○－○○○　－○○○○　）携帯番号（○○○－○○○○－○○○○　）	
卒業高校	○○県立○○高等学校	
部活動、委員会活動等	中学校・高等学校　バレーボール部 大学　バレーボールサークル	
資格・特技	公益財団法人 日本漢字能力検定協会 準2級	
自己評価	何事に対しても最後まであきらめずに取り組み、誠実で真面目でありたいという気持ちが強いです。慎重になりすぎるため、緊張をしてしまい、あがってしまうことがあります。	
幼稚園・保育園等でのボランティア経験	年 10 月～ 3 日間程度（保育所（○）・幼稚園・その他　　） 年 8 月～ 1 日間程度（保育所・幼稚園・その他（○） 地域福祉活動センター） 年 11 月～ 1 日間程度（保育所・幼稚園・その他（○）　認定こども園　）	
健康状態	①良好（○）　②あまり良くない　（○を記入） 特に注意すべき事項があれば以下に記入（病歴、アレルギー等）	
実習の課題と抱負	今回の実習では、保育所の一日の流れを知り 先生方が子どもとかかわる時にどのような点について配慮しているのか、年齢・月齢別での援助の違いを学ぶことを課題としています。常に笑顔を絶やさずに保育者である責任を持って取り組んでいきたいと思います。実習にあたりましては園長先生をはじめ、先生方には大変ご迷惑をおかけすると思いますが、ご指導、ご助言の程よろしくお願いいたします。	

3 健康診断書

保育所での実習は、抵抗力の少ない乳幼児に接し、また、調理にもかかわることがあるので、細菌検査（検便）を受けた証明書やX線の診断書を提出するのが通例になっています。

養成校によって、指定の健康診断書を配布し、検査機関に記入してもらう場合と、各検査機関の用紙で提出する場合等があります。

※X線を含めた健康診断、細菌検査は、保健所および医療機関によって検査日が指定されていることがあります。また、検査結果が出るまでに1週間以上かかる場合もありますので、よく確かめましょう。細菌検査の証明については、有効期間があります。実習開始日を念頭において、計画的に準備を進めましょう。

※不明なことは、保育者養成校の実習担当者（実習センター、実習関係事務担当窓口、担当教員など）に、確認しましょう。

4 出勤簿

実習園での朝は、出勤の挨拶をし、出勤簿に押印することから始まります。出勤簿は、実習初日に園長先生に提出し、その後は実習園の決まった場所に置かれています。原則として、実習生が持ち歩くことはありません。また、出勤簿は、5年間の保存が義務づけられています。出勤時間、退勤時間等が記録され、実習時間を証明する重要書類です。

実習後は、実習評価表と共に実習園から保育者養成校に送付される場合が多いようですが、実習日誌と共に実習生に直接返却される場合もありますので、取り扱いに気をつけましょう。

5 健康チェック表

実習園にとって乳幼児とかかわる実習生が健康であることは、必須条件であるといっても過言ではありません。保育者養成校によっては、独自に健康チェック表を作成し、実習開始1週間前から朝の体温と体調をチェックすることを義務づけています。特に、発熱、吐き気、下痢、関節痛などインフルエンザの潜伏期にみられる代表的な症状が実習前にある場合は要注意であり、実習園に提示を求められることが多くなっています。

体調が悪いまま実習を行うことは、本人がつらいだけでなく、周囲の子どもたちへの健康上の影響が心配されます。健康チェックを正確に行って、気持ちよく実習期間が過ごせるようにしましょう。

10 服装と身だしなみ

実習中の服装は、実習園までの通勤着と、園での保育着の両方に気を配る必要があります。

1 通勤着

自宅から実習園までの服装は、実習生として、保育者として、誰が見ても清潔で、好感を持たれるように心がけましょう。

できれば実習園でのオリエンテーションで、あらかじめアドバイスを受けておくとよいでしょう。あまり流行の服装を追わず、スーツを基本に準備をするのが無難です(スーツは紺か黒、グレーがよいでしょう)。

2 保育着

〈チェックポイント〉

①活動しやすいこと
②清潔であること
③実習園からの指示がある場合はそれに従うこと
④自分と全体とのバランス(気配り)

○養成校指定のトレーニングウエアの上にエプロンをつけると、活動的でよいでしょう。または、汚れても気にならないTシャツ、トレーナー、ポロシャツなどを着るのもよいです(夏季の服装として、ノースリーブやタンクトップなどは好ましくありません)。
○キュロットスカートなどは膝丈くらいがよいでしょう。
○Gパン、スウェット、パンツルックなどは活動しにくいうえ、一種のファッション着なので、避けたほうがよいでしょう。
○冬季の服装として、園によっては薄着を奨励しているところもあります。
○スタジアムジャンパー、セーター、フード付の上着などは適しているとはいえません。
○服装の色は、原色を避け、中間色がよいでしょう。
○必ず名札をつけます(白い布に書いて縫いつけるように指示されることもありま

す。確認しましょう）。名前は、ひらがなでフルネーム書くようにします。

○上履きはバレエシューズがよく、外履きは運動靴が適当です。サンダルやスリッパは論外です。靴のかかとを踏むことのないように気をつけましょう。

○ソックス、ハイソックスは無地のものをきちんと身につけるようにしましょう。

○洗濯洗剤や、柔軟剤に、香料が強く残るものもあるようですので、気をつけましょう。

3 髪について

○長い髪の場合はきちんと束ねましょう（ただし、ポニーテールは、実習中に子どもの顔に触れることもあるので、やめたほうがよい）。

○前髪で顔が隠れるようなことのないようにしましょう。

○髪の毛を、故意に茶色や不自然な色に染めたり、脱色したりせず、自然のままがよいでしょう。

○常に清潔を保つようによく洗髪するようにしましょう。

4 化粧などについて

○化粧については原則禁止と心づもりをしておきましょう。

○小さな子どもは、香りにも敏感です。細心の注意を。

○養成校の指導の基本に従い、許される範囲で化粧をする場合は、学生らしさ、清潔感をあたえるように心がけましょう。

○爪は短く切っておきましょう（マニキュア・ペディキュアはしない）。

○アクセサリー（指輪、ネックレス、ピアス、イヤリングなど）は活動に支障がありますので、つけないようにしましょう。

11 持ち物

実習中に使うという目的を意識して、好みの色柄や形などを優先せず、安全面や機能面、周りとの調和などに気を配るようにしましょう。

□実習日誌：養成校指定のもの。
□筆記用具：鉛筆、消しゴム、赤黒のボールペン、10㎝位の定規があると便利、修正液など。
□メモ帳：ポケットに入るくらいの大きさのものがよい。
許可されたら、実習中に子どもや保育者の動きをその場でメモするために。
□国語辞典：実習日誌や指導計画案の記入に際して、誤字がないように。また、間違った言葉を使わないようにするため。
□印鑑：出勤簿には毎日、必要に応じて書類にも押すことがあります。
□湯のみまたはカップ：割れないものが無難でしょう。園によっては、割れるものを意図的に食器に取り入れていることがあるので、使う前に伺うとよいです。
□お弁当、箸：ほとんどの場合、給食になります。必要かどうか、事前に確認しておきましょう。
□着替え：砂遊びや泥んこ遊び、子どもの嘔吐などで汚れたときのため、着替え1組（下着、ソックスを含む）を用意しておきましょう。
□エプロン：園指定の場合、学校指定の場合、自分で好きなものでもよい場合、使わない場合があるので、事前に確かめておく必要があります（※給食用として必要な場合もあります）。
自分で選ぶ場合は、派手すぎず明るい感じのものにしましょう。ポケットのあるものが便利です。ハンカチ、ティッシュペーパー、メモ用紙、先のとがっていないペンなどを入れておきます。
□上履き、外履き：履きやすい運動靴を用意しましょう。子どもと一緒に走れるものがよいでしょう。
□腕時計：記録をとるときや次の活動の準備をするときに便利ですが、園によっては使わないようにと指示されることがあります。

□三角巾、マスク：調理の手伝いをさせていただく場合に必要です。

※その他、園によってプール、サッカーなど特別な活動に必要な用意もありますので、確認しておきましょう。

◇ワンポイントアドバイス④◇

◇自分でチェックリストを作ってみましょう。
◇実習間近になってあわてることのないように、早めに準備しておきましょう。
◇持ち物には名前を忘れずに書きましょう。
◇オリエンテーションのときだけでなく、実習中も担任に持ち物のことはよく打ち合わせしましょう。
◇あると便利 ⇒ うがい薬、ソーイングセット、ハンドタオル、製作道具一式(はさみ、のりなど)、人によって常備薬、コンタクトレンズ、歯ブラシセット、生理用品など。
◇スマートフォン、携帯電話は、保育所の勤務時間中は電源を off にし、使用しないようにしましょう（休み時間でも、SNS やメール等を送受信しているような態度は論外です。勤務が終わるまではつつしみましょう)。

12 実習園が実習生に期待すること

1 保育所と保育者にとっての実習生の役割

実習生を受け入れることは、保育者にとっても、園にとっても、大きな刺激となります。保育者や園にとって実習生は、どのような役割を持つ存在なのでしょうか。

①実習生の質問をとおして保育を振り返ることができる。

実習中にいろいろな場面で「どうして？」「どうすればいいの？」といった疑問に出会います。そんなときは遠慮せずに質問しましょう。保育者にとっても、実習生の質問に適切に答えようと努力することで、自己の保育を振り返るよい機会となります。

また、実習生担当の保育者のみならず、園全体が活性化されるきっかけにもなります。ですから実習生の質問は、実習生にとっても、保育者・保育園にとっても大きな意味があるのです。

②実習生独自の視点で子どもを見つめる。

実習生は、普段接している保育者の目とは異なる見方で子どもの姿を捉えるかもしれません。保育者にとっては、これまで気付かなかった面を知ることにもつながる機会になるのです。実習生は、誠実に自分の目でしっかりと子どもの姿を捉えるようにすることが大切です。

2 実習の課題（何を学びたいのか）をはっきりさせる

実習は、これまで授業で学んできたことを、実際に子どもたちとかかわる中で、確かめ発展させていく貴重な学習の機会です。課題を持たずに実習に入ると、知らず知らずのうちに時間ばかりが過ぎて、単なる「体験」に終わってしまいます（P.15～16参照）。

実習の前に、「実習で何を学びたいのか」「何を学ぼうとするのか」という課題をはっきりさせておきましょう。実習の過程を通して、それぞれの段階で（例：前期実習での観察実習の時、後期実習の中頃など）、何を理解し、何を具体的に習得すべきかを明確にしましょう。課題をしっかり持った実習生に対しては、指導する側（保育者）も課題にこたえられるように努力するので、より実習の成果があがります。

保育者は、子どもたちの発達にとって望ましい経験や活動を与えるために、さまざまな方法や工夫をしています。どんな小さな疑問でも、担当の保育者に聞き、小さな解決を積み重ねていくことがよい結果につながります。

実習では、毎日の積み重ねがとても大切です。実習の課題は、実習期間全体を通しての課題と、日々の課題があります。大きな課題をまず考え、日々の課題を考えていくのがよいでしょう。たとえば、「保育所の役割や業務内容を理解し、積極的に行動する中で、子どもに対する理解を深める」といった大きな実習課題を考え、その課題に向かってどんなことを学びたいのか（「保育所の1日の流れを知る」「子どもたちの名前を覚える」など）を日々の課題として考えていくのです。

コラム 1

先輩からの一言（学生の経験から）

前期実習は、様々なクラスに入らせて頂けるので、0歳から6歳までの発達を観るまたとないチャンスです。各クラス2日間ずつという限られた期間でしたが、各クラスごとの発達の違いに驚きました。

特に低年齢になればなるほど、1歳の年の開きが著しいと感じました。初めて赤ちゃんを抱いた時、つぶらな瞳、ちっちゃな手足に“ほんわかした温もり”を感じ、「かわいい！」と思わず叫んでしまいました。同時に不安も吹き飛びました。乳児クラスでは、「笑顔でゆったりと関わることがポイント！」と先生にご指導頂きました。

一方、4歳児クラスでは、元気いっぱい！ で“暴れん坊”という印象でした。庭中、思いっきり駆け回りました。実習を終えて帰宅すると、くたくたでしたが、日中、先生からご指導頂いた事、活動をもう一度振り返ったことなど、メモを基に忘れない様、実習日誌に記録しました。各年齢ごとの発達上の特徴などを教科書や大学の授業内容等で調べて確認し、次の日に備えるようにしました。また、指導案や日誌の記入の参考としました。実習の充実した日々を終えると、「保育士になりたい」と強く思う自分が居ました。

（丸山アヤ子）

次に、保育実習Ⅰ（前期実習）と保育実習Ⅱ（後期実習）での目標として考えられることを挙げておきます。これらを参考にして、自分が具体的にどのようなことを学びたいのか（「実習課題」）をまとめてみましょう。期間を通しての課題を考える際に参考にしましょう。

<保育実習Ⅰ（前期実習）の目標（例）>
○保育所の1日の保育の流れ（デイリープログラム）を理解し、保育士の職務内容や役割を体験的に学ぶ。
○年齢別の保育の流れを把握し、食事、睡眠、排泄等の1日の生活リズムを知る。
○乳幼児の生活や遊びの実態を把握し、保育士の役割を理解する。
○子どもの遊びや活動に積極的に参加し、乳幼児の遊びの発達段階を理解する。
○職員それぞれの役割とチームワークの大切さを学ぶ。
○保育士の職務内容と保育姿勢を理解し、保育士になるための自覚を持つ。

<保育実習Ⅱ（後期実習）の目標（例）>
○一人一人の子どもに対する理解を深め、発達に即した援助について体験的に学ぶ。
○全体的な計画及び年間、期間、月間、週間計画の流れを、体験的に理解する。
○子どもの個人差を理解し、集団に適応できない子どもについて適切な援助の方法を学ぶ。
○保護者とのかかわりについて、具体的にどのように連携しているのか、その方法を具体的に習得する。
○保育士が行う、専門性を生かした子育て支援の役割を知る。
○保育所が子育て支援センターとして、どのような役割を担っているのか理解する。

☞〔※資料ページを参考にしましょう〕

3 子どもの発達の特徴（発達段階）を学んでおく

保育所には、0歳児から就学前の子どもまで、さまざまな発達段階の子どもがいます。「子ども」といっても、その対応は発達段階に応じて異なります。現場の保育者の立場から見て、実習生に、「もう少し勉強してきてくれたら」と思われることの1つは、子どもの発達段階です。

たとえば、こんなことがありました。1歳児クラスに配属された実習生のことです。実習2週目になっても、子どもに話しかけようとしないので、見かねた主任の先生が「どうして子どもに話しかけないの？」と声をかけてみました。すると、その実習生は、「この子たちはまだ話ができないから、話してもわからないと思って」と言ったそうです。1歳児は、月齢差が大きく、言葉の獲得には特に大人のかかわりが大切な時期なのです。言葉をこれから獲得していこうとする時期だからこそ、大人からの言葉掛けが大きな意味を持っているのです。保育所では、保育者が子どもとかかわりながら、いろいろな言葉掛けをしていくことが必要な時期であるということを知っていてほしいのです。

次は、3歳児クラスの例です。園庭から帰ってきた子どもたちは、次々に保育室の水道で手洗い・うがいを始めました。その時、横入りをした子どもがいました。それを見た実習生は、横入りをした子どもにいきなり「横入りはだめ。ごめんなさいって言おうね」と言いました。3歳の前半ではまだ順番の概念がない子どもが多いので、悪いことかどうかわからずにそうしていることがほとんどです。その時期の子どもの発達の特徴を知っていると、「前にいるお友達が終わってからね。待っててね」と、かかわり方も違ってくるのです。

さらに、子どもの発達の節目には「人見知り」や「第1反抗期」といった特徴的な反応がみられます。このことを知っていれば、子どもに「先生なんか嫌い」「あっち行って」などと言われても「自分は保育者に向いていないのかもしれない」と思って悩まなくてもすむのです。

保育者は、単なる思いつきで子どもとかかわっているのではありません。子どもたち一人一人の発達段階に合わせていろいろな意図を持ってふさわしい援助をしているのです。

確認しましょう

子どもの発達過程における保育の視点（例：「言葉」）

言葉 発達過程	子どもの発達と保育をとらえる視点		
Ⅰ．おおむね 6か月未満	○あやされて声を出したり笑ったりする。	○保育士等の子守歌を聴いたり、保育士等が話している方をじっと見る。	○保育士等の声や眼差しやスキンシップ等を通して、喃語が育まれる。
Ⅱ．おおむね 6か月から 1歳3か月未満	○身近な大人との関わりを通し、喃語が豊かになる。指さしやしぐさなどが現れはじめる。	○保育士等に優しく語りかけられることにより、喜んで声を出したり、応えようとする。	○保育士等と視線を合わせ、喃語や声、表情などを通してやり取りを喜ぶ。
Ⅲ．おおむね 1歳3か月から 2歳未満	○指さし、身振りなどで自分の気持ちを表したり、徐々に簡単な言葉を話し始める。	○保育士等の話しかけややり取りの中で、声や簡単な言葉を使って自分の気持ちを表そうとする。	○保育士等の話しかけや絵本を読んでもらうこと等により言葉を理解したり、言葉を使うことを楽しむ。
Ⅳ．おおむね 2歳	○保育士等と触れ合い、話をしたり、言葉を通して気持ちを通わせる。	○保育士等を仲立ちとして、生活や遊びの中で簡単な言葉でのやり取りを楽しむ。	○絵本などを楽しんで見たり聞いたりして言葉に親しみ、模倣を楽しんだりする。
Ⅴ．おおむね 3歳	○生活に必要な言葉がある程度分かり、したいこと、してほしいことを言葉で表す。	○友達の話を聞いたり、保育士等に質問したりするなど興味を持った言葉や、言葉によるイメージを楽しむ。	○絵本、物語、視聴覚教材などを見たり、聞いたりしてその内容や面白さを楽しむ。
Ⅵ．おおむね 4歳	○自分の経験したことや思っていることを話したりして、言葉で伝える楽しさを味わう。	○様々な言葉に興味を持ち、保育士等や友達の話を聞いたり、話したりする。	○絵本、物語、視聴覚教材などを見たり、聞いたりしてイメージを広げる。
Ⅶ．おおむね 5歳	○自分で考えたこと経験したことを保育士等や友達に話し、伝え合うことを楽しむ。	○様々な機会や場で活発に話したり、保育士等や友達の話に耳を傾ける。	○絵本、物語、視聴覚教材などを見たり、聞いたりしてイメージを広げ、保育士等や友達と楽しみ合う。
Ⅷ．おおむね 6歳	○自分の経験したこと、考えたことなどを言葉で表現する。	○人の話を聞いたり、身近な文字に触れたりしながら言葉への興味を広げる。	○絵本、物語、視聴覚教材などに親しみ、保育士等や友達と心を通わせる。

※子どものさまざまな発達の側面は0歳からの積み重ねであることや実際の保育においては、養護と教育の一体性および5領域の間の関連性に留意することが必要である。

（出所）厚生労働省編『保育所保育指針』フレーベル館、2008年。

4 事前に身に付けてほしい指導技術

実習生は、保育所で子どもと一緒に遊んだり生活をする中で、保育を体験的に深く理解していきます。担任保育者の助手的な存在として保育活動に関わるので、事前にある程度の保育技術を身に付けておく必要があります。

筆者が80ヶ所の保育所の担任に、実習前に身に付けてきてほしい保育技術についてアンケート調査を行ったところ、次のような回答を得ました。

⑴ 前期実習の前に身に付けてきてほしい保育技術（多かった順）

0歳児・・・①手あそび　②絵本・紙芝居　③発達についての知識（月齢差、発達の特徴など）　④オムツ交換方法（実際にできなくても、知識として知っておいてほしい）

1歳児・・・①手あそび　②絵本・紙芝居　③発達についての知識　④オムツ交換方法

2歳児・・・①手あそび　②絵本・紙芝居　③発達についての知識　④ピアノ

3～5歳児
・・・①手あそび　②絵本・紙芝居　③ピアノ（生活のうた、季節のうた）　④折り紙（簡単に折れるもの）

⑵ 後期実習の前に身に付けてきてほしい保育技術（多かった順）

0歳児・・・①手あそび　②発達についての知識　③絵本・紙芝居　④オムツ交換方法

1歳児・・・①絵本・紙芝居　②手あそび　③発達についての知識　④オムツ交換方法

2歳児・・・①手あそび　②絵本・紙芝居　③発達についての知識　④ピアノ

3～5歳児
・・・①手あそび　②ピアノ　③絵本・紙芝居　④製作（部分実習、責任実習にできそうなものを中心に）

いずれにしても、手あそびは実習前に身に付けておく必要があるといえます。

また、オムツ交換についての基礎知識は、小児保健実習等で学んだことや実習したことを復習しておきましょう。実習担当の保育者にやり方を指導していただき、実習園のやり方を学びましょう。

配属されるクラス（何歳児）がわかったら参考にして、それぞれの年齢・発達に応じた保育技術を早めに身に付けておきましょう。

確認しましょう

オムツ替えメモ

保育の流れ・準備物	環境としての準備	実習生
準備する物 ＜尿の場合＞オムツ替えシート・新しいオムツ・必要に応じてお尻ふき用コットン ＜便の場合＞ビニール袋・お尻ふき用コットン・オムツ替えシート・新しいオムツ 1導　入：「オムツを替えましょう」と声を掛ける	①オムツ替えシートを敷く。（おむつ交換台がある場合は交換台使用：動き始めると危険） ②Ａちゃんの持ち物から新しいオムツを出す	①実習生は手洗い後、ゴム手袋をはめる。 ②子どもへ声を掛ける「Ａちゃんオムツ替えましょうね。」と誘う。
2展　開：オムツを替える	③尿の場合：汚れたオムツを外し、新しいオムツをすぐお尻の下へ敷く。両足の膝が伸びないように注意する（脱臼防止）。 ④便の場合：汚れたお尻をお尻ふき用コットンできれいにして（太ももなど重なり部分は広げてきれいに拭き取り）、ビニール袋に入れる。	③「この上に乗って寝ましょう。オムツを替えてさっぱりしましょうね。」とシートの上に寝るように声をかける。 ④オムツを替える。 ⑤「きれいにしましょう」と足をさすりながら濡れたコットンで汚れを取り除く。「さっぱりしたね。きれいになりました。」と声を掛けながらオムツを取り替える。
3終　了 ・使用したオムツ替えシートの片付け ・汚物（汚れたオムツ・お尻ふきコットン）処理	⑤オムツ返却：汚物の入ったビニール袋は口をしっかり塞いで縛り、Ａちゃんの汚物入れに入れる。 ⑥保育園で処分：園の汚物入れに入れる。	⑥ゴム手袋を外し、手を石鹸できれいに洗い、消毒する。
次の場面へ		

※注：オムツ替えシート・ゴム手袋およびお尻ふき用コットンについては、園によって使用の有無が異なるので確認が必要。

※注：「Ｂ子ちゃんの便が出ているので替えます！」と必ず担任の先生に伝えてから替えること。
「便が出てます。」と伝えるだけだと「どうしたら良いでしょう？」と先生に伝わってしまい「何しに実習に来ているのか？　やる気があるのか？」と思われてしまうので注意すること。

（丸山アヤ子）

13 保育の１日の流れ（デイリープログラム）

園生活は、ほとんど毎日、決まった時間に行う活動がいくつかあり、ある程度の1日の流れがあります。それを知っていると、どんなものを事前に準備すればよいか予想がつきます。

【3歳未満児】

通常保育（8時間）

(7:30) 7:50	早朝保育
8:30	登園 (通常保育時間)
9:30	あそび おやつ
11:00	あそび 食事
12:30	午睡
15:00	目覚め・おやつ
15:30 16:00	あそび
16:30 19:00	降園開始 延長保育 保育終了

【3歳以上児】

(7:30) 7:50	早朝保育
8:30	登園 自由あそび
10:00	課題保育
11:30	食事
12:30	歯みがき 午睡
14:30 15:00	目覚め おやつ
16:00	自由あそび 降園開始
16:30 19:00	時間外保育 保育終了

○通常保育時間（8時間の設定）は、園によって異なります。
○基本の8時間以降は、乳児、幼児の合同保育になる園もあります。
○年長児は就学に向けて秋ごろから昼寝を減らしたり、昼寝をしない園もあります。
○朝7時から夜7時までの保育を行っている園が多いようです。早番、遅番などの出勤・退勤時間の違うシフトを実習させていただくことがあり

Ⅲ　実　　習

14 観察実習・参加実習のポイント

1 観察実習・参加実習とは

さあ、いよいよ実習のスタートです。まずはじめに行われる観察実習の目的は、保育の1日の流れを実際に体験したり、先輩の保育者の姿を観察することです。また、保育所保育指針などで学んだ子どもの発達の特徴を、子どもの姿から実際に見て学ぶ機会でもあります。目の前で遊ぶ子どもの姿をよく見て、年齢的な特徴を理解しましょう。

しかし、観察実習とはいえ、ただ黙って"見ているだけ"が実習ではありません。

担任保育者の保育活動に対して、補助的な活動を交えながら、自然な姿で観察を行うようにしましょう。ある園長先生より、「子どもともっとかかわってください」と担任の保育者に言われて「観察実習ですので」と答えたという実習生のエピソードを聞きました。"観察"という言葉から実習生は、子どもとはかかわらない実習であるかのように考えていますが、実際には実習が始まって2～3日くらいはじっくりと保育観察をして、その後は子どもとのかかわりが多くなってくるのが一般的です。こうした動きを"参加実習"といいます。実習初日から、すぐに子どもが実習生のところに来て話しかけてくるでしょう。自然に子どもとかかわりながら、保育の流れを理解していくように心がけましょう。

2 子どもの名前を早く覚える

子どもは実習生に対して口々に「なんていう名前？」「どこからきたの？」などと話しかけてきます。緊張しないで明るくにこやかに、「あのね、保育園の先生になるために学校でお勉強しているの。一緒にあそびましょうね。」などと答えながら、早く子どもの名前を覚えるようにしましょう。実習も3日目くらいになると、子どもとのかかわりも多くなります。子どもは自分の名前を呼んでもらうととても喜びます。

3 観察・参加するときの態度

初日でも、ただ“見ているだけ”ではなく、子どもとかかわるつもりで保育室に入りましょう。子どもたちにとって実習生は、いつもの保育者とは違う特別な存在です。何もしていないつもりでも、子どもたちは実習生の様子を見ています。そして、生活を共にしています。子どもと“応答する”という気持ちが必要なのです。

4 クラスの1日の流れをつかむ

積極的に動くためには、保育の1日の流れをわかっていることがポイントです。流れがわかると、「次は何をする時間」なのか見通しが持て、「そろそろ○○の準備をしましょうか」と、担任の保育者に確認して動くことができるようになります。

また、クラス全体と子ども一人一人をよく見て、子どもとかかわれるようになっていくことが必要です。

5 一人一人の子ども、グループの様子を把握

子どもがどのような遊びや活動をしているのかよく観察すると、どのようなグループを作っているのか、その中で一人一人の子どもはどのような役割を果たしているのか、が見えてきます。また、生活のきまりや約束ごと、係や当番活動を一人一人の子どもはどのように理解し行動しているのか、子ども一人一人やグループの特徴について詳しく観察し、記録に残すとよいでしょう。

子どもの表情やしぐさ、まなざしもよく見ましょう。たとえ、初めての実習であったとしても、初日、2日目、3日目……と過ぎていくうちに、少しずつ子どもの思いがわかるようになり、その場に応じた言葉掛けもわかってくるはずです。

6 保育者の動きと意図を把握

保育者は、周囲に気を配りながら一人一人をきちんと見て、適切な援助をしているはずです。保育者の１つひとつの動きの意味を読みとり、子どもたちにどのような働きかけをしているのか、どのような配慮をしているのかを観察しましょう。保育者の働きかけの言葉や行動を、そのときの状況も合わせて具体的に記述し記録に残すとよいでしょう。

子どもの発達に応じて、どのような目的と見通しのもとで働きかけをしているのか、保育者の意図をつかむ努力をすることが大切です。

7 担任と子どもたちのかかわり方を学ぶ

基本的なところでは、子どもたちをどのように呼んでいるのか、「○○ちゃん」と名前で呼んでいるのか、「××さん」と名字なのか、愛称で呼んでいるのかなどをつかみます。また、子どもたちへの話し方や、働きかけ方、クラスの約束ごとなど、実際の場面をとおして学びましょう。

たとえば、「この場面では、なぜ子どもたちを保育者のまわりに集めたのだろう」「なぜ、あのような言葉をかけたのだろう」といった、「なぜ」を考えることが大切です。この「なぜ」をとおして、援助や環境構成などについてのねらいや留意点などがわかってくると思います。

さらに、保育者のかかわり方をよく見てください。「なぜ？」「どうして？」という目を持って保育者の子どもへのかかわり方を見ていくと、たとえば砂場でシャベルを取り合ってけんかしている子どもへの言葉掛けはどのようにすればよいのか、といったことがつかめるようになってきます。

8 まとめ

これまで学んだ4～7についてのポイントは、次の４つでした。

①クラスの１日の流れについて知る。
②一人一人の子ども、グループの様子を理解する。
③保育者の動きと意図を把握する（保育者の援助について理解する）。
④担任と子どもたちのかかわり方を学ぶ。

これらのことについて、それぞれ実習の中でどれだけ気付いたか、振り返っていきましょう。それが実習を通してわかったこと、「気付き」です。この「気付き」がとても大事で、大切なポイントとして日誌に書き込む内容につながるのです。

確認しましょう

視診とは？

視診とは、乳幼児の全身状態を観察することで、体の状態を把握することです。自分から体の異常を保育者や親などに伝えられない乳幼児に対してこの視診は重要で、特に登園時の視診は必ず行う必要があります。

視診の具体的な内容は、①元気はあるか、②機兼はよいか、③顔色はどうか、④目や皮膚の状態はどうか、⑤親子の様子はどうか、⑥傷やアザ（虐待のあと）はないか、などです。

（丸山アヤ子）

コラム2

実習生の“偏食”

ある保育所にきた実習生が、前期実習のオリエンテーションで言いました。

「給食って全部食べないとだめですか？」

担任の先生が「子どもたちにはアレルギーが出ない限り、苦手なものでも少しずつ食べるように援助しているので、先生としてはできるだけ全部食べていただきたいですね」と話した時です。すると、実習生は悪びれもなく、

「でもあたしぃ〜、トマト食べれないんですぅ。ぷちって感じ、超気持ち悪いし」と言ったそうです。トマトが嫌いなうえに、「食べれない」という間違った言葉遣いと若者ことばの連続・・・（正しくは「食べられない」）。

実習生に対してすっかり信用を失った担任は、前期実習の初日を迎えるのが不安になったそうです。結果としてその実習生は、限りなく不合格に近い評価をもらいました。

保育所に実習に行くみなさん！　できるだけ実習前に偏食をなくす努力をしましょう。子どもが苦手な食べ物でも、先生がおいしそうに笑顔で食べると子どももきっと食べるようになりますよ。

15 実習中の注意事項

1 報告すること、許可を得ること

持ち場を離れるときは、担任保育者に行き先を伝えましょう。「○○ちゃんの着替えを取りに行ってきます」「倉庫に行ってきます」など、保育中はトイレに行くときもことわるようにしましょう。

教材の折り紙や用具（のり、ハサミ他）など園のものを使うときは、必ず保育者にことわることが大切です。また、自分のことだけでなく、子どもの様子や保護者からの話などを担任の保育者に連絡する必要があります。

どうしても記念に子どもたちの写真を撮りたいという場合は、園長先生か主任の保育者に相談して、許可をいただいてから撮りましょう。勝手に子どもや園内の写真を撮ってはいけません。

（実習中は常に「報告・連絡・相談」の「ホウ・レン・ソウ」を心がけて行動しましょう）

2 昼寝の時間に、子どもたちと一緒に眠らないこと

実習中は睡眠不足が続くことが多いものです。しかし、子どもに添い寝をしながら、つい気がゆるんで、ウトウトと眠ってしまわないようにしましょう。風邪薬などを飲んでいるときも要注意です。

3 アドバイスは素直に聞く

先生方は、保育者をめざす実習生のためにと、時には厳しく、時にはやさしく助言をくださることでしょう。「そんなつもりでは」「わかっているのに」といった気持ちになってもイライラせず、素直にアドバイスに耳を傾けてください。

4 掃除も保育の一部

掃除も保育者の仕事の1つです。「最近の実習生は掃除機しか使ったことがなく、ほうきの持ち方や雑巾の絞り方さえ知らない」という声もよく聞かれます。子どもとかかわる場だけが実習の場ではありません。掃除を含め、明日の保育の準備をすることは、大切な実習の一部です。

5 実習生同士の私語はつつしむ

特に、同じ学校から複数で実習に参加する場合、実習生同士が愛称で呼び合うことはやめましょう。実習中はもちろん、着替えのときや、休憩時間の会話にも気を配りましょう。声の大きさ、話の内容などで常識を疑われるようなことのないように気をつけましょう。

6 お茶を飲んだ後は

休憩時間にお茶をいただいているうちに、つい時間の経つのを忘れてしまった…ということのないように気をつけましょう。また、後片付けを忘れずに。自分でお菓子や飲み物を持ち込まないことはいうまでもありません。

確認しましょう

乳児室のトイレ掃除は丁寧に！

乳児クラスは、トイレで汚物処理をします。トイレ周りをいつも清潔に保つことが必要です。掃除と消毒は、丁寧にしましょう。

実習生は、環境整備の一環として、掃除を任されることが多くあります。最近の学生は、自宅でトイレ掃除を経験しないまま実習に出ることがあります。進んで掃除をしましょう。

<手順>

1. トイレ掃除一式（トイレブラシ・トイレ用洗剤・雑巾・消毒液・ゴム手袋）を用意する。
2. ゴム手袋をはめ、便器の水を流す。
3. トイレブラシ・トイレ用洗剤で便器を洗浄する。
4. 濡れたトイレ用雑巾で、便器とその周りを拭く。
5. 便器とその周りを消毒液で消毒し、最後に乾いた雑巾で拭く。

（丸山アヤ子）

16 部分実習のポイント

1 部分実習とは

部分実習は、担任保育者の保育指導計画に基づいて、1日の保育の流れの中で、ある特定の活動だけを実習生が担任に代わって責任を持って担当する場合と、配属クラスの子どもたちのうちの、ある人数だけを掌握させてもらって実習生が中心となって活動を進める場合とがあります。

部分実習は、毎日繰り返される活動（たとえば、「朝の視診」「帰りの時間」「給食時」「遊びの時間」「昼寝前」「おやつの時間」など)、また、子どもたちが興味を持ちやすくて同時にできる活動（絵本の読み聞かせ、紙芝居など）を担当します。

2 部分実習のポイント

①指導計画案は早めに準備する

できるだけ早めに（少なくとも実習日より2日前に）担任保育者に見てもらい、指導を受けることが大切です。

②1日の流れをさまたげないようにする

部分実習の活動が、前後の活動とあまりにもつながりのない内容では、保育指導計画の流れに影響を及ぼすことがあります。

③子どもの興味・関心に合わせる

子どもたちが、今どんな遊びに興味を持ち、関心の高いものは何か、どのような手遊びを知っているかなど、自分の案を相談しながら担任保育者に伺いましょう。短時間でできるもので、自分の得意とする活動で、子どもの関心が高く、あまり難しくないものを選ぶようにしましょう。

④指導計画案は何度も書き直すもの

担任保育者や、実習担当の保育者の助言を活かしながら、何度も何度も書き直して作るものだと思ってください。週の活動、指導のねらいなどの受けとめ、設定に誤りがないか、主な活動の選択に無理はないか（年齢の発達段階、興味・関心、季節などクラスの子どもたちの実態や特徴のおさえは的確かなど）を改めて見直してもらったうえで、活動の計画修正を行うようにします。

⑤準備は早めにしておく

事前に準備するもののうち、実習園から借りられるもの（たとえば、絵本など）と、各自で用意しなければならないもの（ペープサートなど）をきちんと把握しておきましょう。実習に入ってからあわてることがないように準備しましょう。

実習の準備段階で、指人形やペープサートなどの小道具を作っておくとよいでしょう。実習期間に入ってからでは十分な時間がとれず、間に合わないことになりかねません。

3 部分実習の指導計画案

実際の部分実習の指導計画案の例（次のページより）を見てみましょう。
早めに立案し、実習園の先生に事前によく相談しましょう。
(指導計画案の立て方は、P.64を参照)

実習指導案（日案・部分指導案）

○○年 9月 3日（木）	実習生氏名	古川 裕希		
天候	組・人数	うめ 組（4 歳児）	男児 9 名 女児 12 名	計21名

現在の子どもの姿：	ねらい：
・自然に積極的に関わる。 ・想像力が豊かになる。	・季節の生き物，身近な生き物に興味を持ち，自分なりに作ることを楽しむ。 ・友達と同じ活動をすることで，考えを共有したり，真似をしたりして一緒に作ることを楽しむ。
活動名 「みんなでトンボを描いて貼ってみる」	子どもの経験する内容： ・生き物の写真を見て興味を持ったり，これまで目にしてきた生き物・植物を思い出したりする。 ・自分ではさみで切り，のりで貼る。 ・友達と作品を見合う。

時間	環境構成	予想される子どもの活動	保育者の援助と留意事項
00:00 ●：実習生 ○：子ども	○用意するもの ・画用紙（1/4の大きさ） ・クレヨン └→トンボの絵が描いてあるもの。 ・のり ・はさみ ・生き物の写真 ・のりふきん ・模造紙 ・マスキングテープ	・遊んでいたものを片づけ，席に座る。 ・トイレへ行きたい子どもは行く。 ◎保育者の話を聞く。 ・自分の姿勢を正す姿が見られる。 ・見つけた生き物や植物のことを発言する。 ・写真を見て保育者の問いかけに反応し，答えていく。	・遊んでいたものを片づけるように声をかけ，席に着くように促す。 ・トイレへ行きたい子どもは行くように声をかける。 ・子どもたちがそろい席に着いたら，「足を机の中にしまって先生座りができているかな？」と子どもたちの姿勢に注意を向け，声かけをする。 ・「みんなはこれまで外で遊んだ時，どんな生き物や植物を見つけたかな？」と問いかけ思い出せるようにする。 ・「みんなはこの生き物知ってるかな？」と問いかけながら，トンボの写真を見せる。
00:10		◎実際にトンボを描く。 ・クレヨン，はさみ，のりを道具箱の蓋に入れ用意する。	・「これからみんなでトンボを描いてみましょう。」と言う。 ・クレヨン，はさみ，のりを道具箱の蓋に入れて持ってくるように伝える。この際，取りに行く時は静かに落ちつけているテーブルから動いてもらうなど，少人数で取りに行ってもらう。
	・壁に模造紙を貼る。	・画用紙をもらう。	・1つのテーブルごとに画用紙を人数分配っていく。 ・「今みんなには，トンボの絵が描いてある紙を配りました。でも色が付いていません。みんなにはトンボに好きな色，好きな模様をつけてほしいです。」と，これからやることの説明をする。
	画用紙	・保育者が実際に行う作業を見る。	・描いて切り，貼るという作業を子どもたちに見せる。この際，はさみの使い方，のりのつけ方（人差し指にのりをつけてしっかり伸ばす）に注意するよう声をかける。

実習指導案

時間	環境構成	予想される子どもの活動	保育者の援助と留意事項
		・トンボに色や模様を付けていく。 ・できあがったらはさみで切り，のりで模造紙に貼る。 ・描いたものを友達と見せ合う。 ・なかなか思うように描けず悩み，手が止まってしまう。 ・時計を気にしながら制作を行う姿が見られる。 ・できあがった子どもから，のり，はさみ，クレヨンを道具箱に入れ片付ける。	・「ここに模造紙を貼っておくので，みんなも切ったらここに貼りに来て下さい。」と伝える。 ・席を立つ時にも，はさみの使い方に気をつけるように声かけをする。 ・「どんな色が好き？」「もう一度写真見てみようか」などもう一度考えられるような声かけをする。 ・「時計の長い針が6までみんな作ってみよう」など時間にも気を向けられるように声かけをする。 ・一度全員座るように声をかけ，トンボを作ることができたか確認する。
00:40		・自分の作品がどこにあるか確認する。 ・友達の作品を見て楽しむ。	・「お友達が作ったトンボも見てみよう」と声をかけながら，みんなで見合えるようにする。 ・「今日はトンボをみんなで作ってみました。夏だけではなく，これからの秋にも色々な虫や植物があるから，これからもみんなで見つけていきましょう。」とこれからにも期待が持てるようにする。

評価・反省

初めての部分実習でした。指導案を書いていても，やはり予想以上に子ども達からの声も多く，終始戸惑ってしまいました。特にトンボを切り取る時の説明が曖昧になってしまい，子ども達に無駄な動きをさせてしまったり，不安にさせてしまいました。また自分自身の視野の狭さにも改めて気づかされました。子ども達をばらばらにさせてしまい，その結果少人数の子ども達にしか目を向けられなかったことは安全面を考えても一番の反省点だと思います。私自身がもう少し冷静に落ち着くべきだったと思います。今回の部分実習の反省点は数多くあります。しっかり見直して私自身の課題とし，次回の実習へとつなげていきたいと思います。実習初日からたくさんのご助言をしてくださり，また，私の身勝手な質問にもご丁寧に答えていただき本当にありがとうございました。うめ組さんで勉強させて

指導者の所見 いただいたことを今後も自分自身の課題とし，努力します。ご指導ありがとうございました。

指導案

○○○○○○大学 ○○○○専攻	学籍番号		氏名	○○ ○○
実習園名:			指導者:	

実施日	平成○○ 年 8 月 31 日（水）	予想天気			
対象クラス	ひまわり 組 5 歳児	対象人数	男児 15 名	女児 11 名	計 26 名
子どもの姿	保育者の話を静かに聞くことができる。遊びの中で友達と相談してルールを決めたり、遊び方を工夫したりして楽しめる。年長児としての自覚を持ち、意欲的に行動できる。				
ねらい	感じたことを自分なりに表現して楽しむ。友達が作った作品に興味を持ち、一緒に飛ばし、楽しいことを共感する。				
主な活動	紙コップロケットを作る。				

時間	予想される子どもの活動	実習生の動きおよび援助の留意点	環境構成・準備
10:00	○主活動 ・実習生の話を聞く。 ・空や宇宙のイメージをする。	〈導入〉 ・宇宙の絵本の読み聞かせをする。 ・「お空やその先のずっと上には何があるか？」 ・子どもたちが宇宙を想像できるような言葉かけをする。 ・「宇宙に行くとしたら、何に乗っていくか？」 ・子どもから"ロケット"という名前がでてくる様な声かけをする。 ・宇宙からロケットのイメージができた所で子どもたちに「紙コップ」を使ってロケットを作ることを伝える。 ・紙コップロケットを見せて、実際に飛ばしてみる。 ・子どもたちが「自分も作りたい」という気持ちになるよう声かけをする。	●…実習生 ○…子ども
	・椅子に座る。	〈展開〉 ・机を用意し、いくつかのグループをつくる。 ・ビニールテープ、作成済みのトイレットペーパーの芯、袋、水性ペンを配る。	
	・静かに実習生の話を聞く。	・作り方の説明をしていく。 ・作業中の注意点を確認する。	
	・一生懸命製作をする。	・子どもたちの進み具合を見回りながら、援助や声かけをしていく。	

02

時間	予想される子どもの活動	実習生の動きおよび援助の留意点	環境構成・準備
		・ハサミを使用する際は配慮する。 ・ハサミを回収する。	
10:40	・自分の想像しているロケットを描く。	・見回りをする。 ・遊ぶためのスペースを確保するため 机を片付ける。	
10:50	・実際に飛ばして遊ぶ。 ・的にあてて遊ぶ。	・床に的を置き、ルールを説明する。 ・子どもたちと一緒に遊んだり、見回ったりする。	机　ピアノ　水道
11:00	・椅子に座る。 ・実習生の話を聞く。 ・紙コップロケットを鞄にしまう。	〈まとめ〉 ・紙コップロケットを鞄にしまい園の中では出さないよう約束をする。 ・次の活動（昼食）の準備の排泄や手を洗うよう声かけをする。	

※実際に紙コップロケットを作ってみて、子どもたちが作りやすくできる活動の準備や具体的な言葉掛けについて考えておくといいですね。

03

(主 活 動)実習指導計画案		指導者氏名	㊞	
○年 ○月 ○日(○ 曜日)天気		実習生氏名	増田 典子 ㊞	
前日までの子どもの姿	・最近、視線がしっかりと合うようになり、保育士と関わることを喜ぶ。 ・簡単な言葉を話すようになった。 ・絵本を読むと喜ぶ子どもが多い。	組・人数	(1 歳児) つくし 組	男 ○ 名・女 ○ 名 計 ○ 名
		準備するもの	・『おおきなかぶ』の絵本 ↳下読みをしておく(声の大きさ・ページのめくり方・速度) ・導入の手遊びを決め、練習する。	
主活動	①実習生が読む絵本「おおきなかぶ」を喜んで見る。 ②「うんとこしょ・どっこいしょ」を一緒に言って、繰り返しの言葉を喜ぶ。	ねらい	養護:『おおきなかぶ』を楽しみ、愛されていることを実感する。 教育:①実習生や友だちの言葉に合わせて、繰り返し言うことを喜ぶ。 ②登場する動物をイメージし、話の展開を楽しむ。	

時	分	環境・準備	子どもの活動(生活の流れ)	保育者の援助・保育の配慮
9	20	○:子ども ●:実習生	・絵本を見る体勢に移動し、座る。	・「歌がとても元気良く歌えました。これから絵本を読むので、ここに座ってください。」と笑顔で声をかけ、絵本を見る体勢になるように促す。
9	21	ピアノ	○手遊び「はじまるよ」 ・実習生が読む絵本が何なのか、期待を持って待つ。 ・実習生の呼びかけに応える。 ・手遊び「はじまるよ」をする。	・子どもの顔をひとりひとり観て、「それでは絵本を読む前に『はじまるよ』の手遊びをしましょう。良く見て真似してください。」と話す。 ・必ず左側から「はじまるよ、はじまるよ。はじまるよったら、はじまるよ。1と1で忍者だよ。…ニン!」と歌う。 ・年齢に合った速度で手遊びをする。
			○絵本「おおきなかぶ」 ・「おじいさん」「おばあさん」「まご」「いぬ」「ねこ」「ねずみ」の登場人物、動物に興味を持って、集中して見る。 ・繰り返しの言葉を楽しむ。 ・「うんとこしょ、どっこいしょ」を実習生の言葉に合わせて一緒に言う。 ・動物の名前を気づいて言う。 ・最後、おおきなかぶに気づき、驚く。一緒に運ぶつもりで「よいしょよいしょ」と言葉に表す。	・絵本を子どもたちが見やすい角度に向けて「おおきなかぶ」と言う。 ・ページをめくり、「むかし、おじいさんがかぶをうえました。あまいあまいかぶになれ。」と読み始める。 ・セリフの話し方に注意をする。 ・繰り返しの言葉の言い方に注意をする。 ・「うんとこしょ、どっこいしょと一緒に応援してね。」と話す。 ・かぶを引くタイミングを聞き手に合わせる。 ・間の取り方、ページのめくり方、一緒に声を合わせるタイミングを工夫する。 ・最後は必ず、絵本を広げて見せてから終わりにする。
9	35		・終わりであることに気	・「これで『おおきなかぶ』は終わりです。

		づく。	次におやつを食べます。」と話し次の行動を示す。 ・「絵本もしまいましょう」と言い、保育者と一緒に絵本を所定の場所におく。
	ピアノ	○おやつ ・椅子に座る。 ・「いただきます」の挨拶をして、配膳されたおやつを食べる。	・片付けをし、おやつの準備をする。 ・「いただきます」の挨拶をする。

評価・反省

指導者所見欄

㊞

※子どもの姿をイメージしながら絵本の読み聞かせの練習をしておきましょう。

部分実習指導案　　　　○○○○短期大学　大嶋祥子

実施予定日	○年6月8日(水)	対象児	ゆり組(2歳児) 男4名 女6名 計10名
ねらい	・紙芝居と絵本を観て楽しむ。 ・絵を見ること。話を聞くことを楽しむ。	準備・材料	・紙芝居 「あめこんこん」 「ひとさしゆびでプッシュオン!」 ・絵本 「かえるくんにきをつけて」
内容	・思ったことを口に出して言ってみたり、触れてみる。 ・繰り返し出てくる歌や言葉を聞き、楽しむ。		

時間	予想される子どもの活動	実習生の動き・指導上の留意点	環境・準備
11:40	・呼び掛けを聞き、実習生の前に集まる。 ・実習生の手遊びを真似して一緒に楽しむ。 ⊙紙芝居と絵本を観る。 ・紙芝居に興味をもち観る。 ・リズムのある歌を聞き、楽しむ。 ・思ったことを指差して言う。 ・紙芝居に興味を持つ。 ・「プッシュオン!」と一緒に言ったり、画面に触れ、楽しむ。 ・絵本に興味を持ち観る。 ・かえるの問いかけに答えて楽しむ。 ・トイレに行き、布団に入る。	・紙芝居と絵本を用意し、読む位置へ行き、子どもたちに呼び掛ける。 ・手遊びをし、集中するように促す。 ・紙芝居「あめこんこん」を読み聞かせる。 ・声の大きさ、強弱、リズム、間や、歌の部分は楽しそうに歌うなど注意をし、子どもたちの反応を見て、答えたりしながら読む。 ・紙芝居「ひとさしゆびでプッシュオン!」を読み聞かせる。 ・「ひとさしゆびでプッシュオン!」と言うところで、子どもたちにも参加してもらう。難しい場合、「1.2.3」のところでも良い。 ・絵本「かえるくんにきをつけて」を読み聞かせる。 ・かえるの声を変化させて出す。 ・楽しく読む。 ・トイレに行き、布団に入るように促す。	・子どもたちに見えているか確認する。 ⊙実習生 ○子ども ・左手でしっかり支え、右手で抜く。 ・抜く時、落とさないように注意する。 ・左手で場面を隠さないように注意する。
12:00	⊙午睡		

感想・反省	月曜日から、午睡前に紙芝居と絵本を読ませていただいていたので、緊張せずに、声もしっかり出せていたと思います。また、子どもたちが真剣に紙芝居や絵本を見てくれたので、とてもやりやすく、読んでいてとても楽しかったです。子どもたちの様子を見ていると、絵を見て、思ったことを口に出したり、歌を一緒に歌ってくれていて、ますます楽しくなりました。

※子どもたちに見せる活動は、よく練習しておきましょう。

部分実習指導案

○○○○短期大学 井上 絢子

実施予定日	○年 ○月○日 (○)	対象児	つばめ 組(2歳児) 男15名 女5名 計20名
ねらい	・「変身ゲーム」を友達や先生と楽しみながら行う。 ・エプロンシアター「みにくいあひるの子」に興味を持ち楽しんで見る。	準備・教材	○エプロンシアター「みにくいあひるの子」
内容	・変身した友達の違う所を当てる事を楽しみ、友達に興味を持つ。 ・エプロンシアターの人形の動きを楽しみ、喜んで見る。		

時間	子どもの活動	実習生の動き・指導上の留意点	環境・準備
10:30	・実習生を囲むように、イスを並べて座る。 ○「変身ゲーム」をする。 ・実習生の話を聞く。 ・ゲームをする。	・幼児が見やすいようにイスを並べる時に誘導する。 ・幼児の前に立ち、ゲームの内容を分かりやすく説明する。 ・ルールや、内容が理解できているようだったら、ゲームを始める。 ・まず初めに変身する人を選ぶ。 ・変身する前の姿を覚えるように子ども達に呼びかける。 ・変身している間は、両手で目を押さえて、見ないように声をかける。	押入れ 水道 タオル ロッカー ピアノ 机 押入れ ☆：先生 ○：幼児 ▨：実習生 （□…変身の時に幼児を立たせるためのイス。）
	・友達と相談したりして、さっきと違っている所を見つけて答える。	・変身後の姿を見せて、さっきと違っている所を答えてもらう。 ・2～3人変身させて、ゲームをくり返す。	
10:50	○エプロンシアター「みにくいあひるの子」を見る。 ・話に集中して、静かに見る。	・「さっきはみんなが変身したけれど、今度は、このあひるの子が変身しちゃうんだな」と話して、期待を持たせる。 ・エプロンをつけて、導入を始める。 ・登上人物ごとに声を変えたり、抑揚をつけたりして、話を盛り上げる。 ・まとめの話をして、子ども達の中に、余韻を残す。	
11:00		（終了）	

※子どもたちがゲームのあとにエプロンシアターを見る活動をする流れなので、実際に行う際は、環境構成も配慮しましょう。

部分実習指導案　5歳児　○月○日実施　太田宇蘭			
主活動の内容	飛び出すおもちゃを作る。	主活動の環境構成	実
ねらい	・飛び出す仕掛けに興味を持ち、想像を膨らませて絵を描く。 ・自分や友達が作ったものを互いに見せ合ったり、発表して楽しむ。		

時間	幼児の活動	保育の配慮	環境・準備
9:30	遊んでいた遊具や玩具を片づけ、部屋に戻り席に着く。 ・トイレへ行きたい子は行く。	部屋へ入るように声を掛け、席に着くように促す。 ・トイレへ行きたい子は行くように声を掛ける。	・部屋へ戻ってくる前にあらかじめ紙芝居・製作の準備をしておく。
	手遊びをして朝の挨拶をする。	子ども達が揃ったら『ピクニック』の手遊びをして集中させ、朝の挨拶をする。 ・手遊びは説明だけ→歌と合わせて手本→みんなでと応用を効かせる。	・初めはゆっくりで、子ども達が覚えてきたら速めてやってみる。
	紙芝居を見る。	紙芝居「ムーミンとマジック」を読む。	
9:45	注目し、話や製作の説明を聞く。 ・集中して説明を聞きながら製作を進める。 ・わからないところなどは周りの友達や先生に尋ねる。 ・作りながら友達のものと見比べたりする。 ・みんなの前で発表をする。 ・カバンに作品をしまう。	注目させ、製作の説明を分かりやすいように行う。 ・見本を見せ、実際に飛び出させて見る。 ・子ども達が説明を理解しているかを確認しながら、進めていく。 ・説明方法はまず手本を見せ、真似して作業をする。 ・テープで貼る部分は少し難しいので必要に応じ手助けをする。 ・出来上がったらしばらく仕掛けで遊ばせ想像させる。 ・思いついたものを絵に描かせる。 ・出来上がった子の作品を一つ、二つみんなに見せる。 ・早く出来上がり終った子には「もう一つ作る?」など声を掛け、2/3程の子どもが終った様子が見られたら、「みんなにこんなの作ったよ!って発表したい子?」と声を掛け、発表させる。その際は手を止め、注目するように呼び掛ける。発表したい子がいない場合は、作品を貸してもらい代わりにみんなに見せ、「○○ちゃんは○○の絵を書いてみたんだね」と友達の作ったものにも興味を持たせる。	・紙コップ、割ばし、セロハンテープ、折り紙2枚、クレヨン（1つ分の材料）など ↓押すと飛び出す。 ↑引っぱると中に引っ込む。
10:45		・発表の後に「お家に持って帰ってお家の人にも見せてあげてね!」と呼び掛ける。カバンへしまうように促す。	

※事前準備として、作るための材料と“見本”を作っておくことを忘れないようにしましょう。

先輩の感想から①

前期実習では、毎日が初めての経験で戸惑うこともありました。でも子ども達はとても元気でいつも裸足で生活しており、冬でも乾布摩擦を行い、走り回って遊ぶのが大好きです。先生方もとても気さくで、明るい先生ばかりですが、掃除や洗濯物を干す時などは色々と御指導を頂き、自分の至らない点を見直すことが多くありました。

前期では、あまり先生方に質問する機会が持てず、積極性に欠けていると言われてしまい、後期の実習が不安でした。しかし、後期こそは自分の良い所を全てを発揮していこうと頑張りました。後期はお遊戯会の時期と重なり、毎日練習などで子ども達とあまり一緒にいる事が出来ませんでしたが、大道具や照明などの仕事を任され、貴重な体験をすることができました。後期では、体調を崩し責任実習の時も声が出ずに、子ども達や先生方に大変迷惑をかけてしまいました。

保育園での実習はほんとうに責任のあるもので、改めてその仕事の大変さを実感しました。

次年度実習生への連絡事項・申し送り事項等

○先生方は、挨拶や礼儀、心配りや言葉使いなど、とても敏感です。また、休憩室の使い方、そうじのやり方なども気をつけましょう。

○何よりも積極的が一番です。先生方は毎日とても忙しそうで、なかなか話しかけたりすることも気が引けてしまいがちですが、消極的な印象を持たれてしまうよりも、たくさん質問などをして、やる気をアピールし、先生方の印象に残る実習生となって下さい。

○私の実習園は、手遊びを毎日紙芝居の前にやったので、たくさん覚えておくといいです。

○毎日、日誌や準備のために寝る時間がとれなくて体調を崩しやすくなります。何よりも健康が大事だと思います。

（井上絢子）

17 責任実習のポイント、指導計画案の立て方

1 責任実習とは

この実習は、「全日実習」「1日実習」「指導実習」とも呼ばれ、実習最後の段階です。担任の保育者の指導助言を受けて、1日の保育の流れ（指導計画）を立案し、実際に担任に代わって1日の保育活動を担当することになります。言い換えると、1日先生になってみる実習なのです（園の都合により、半日程度になる場合もあります）。

2 事前の心構えとチェック事項

○1日の保育の流れは理解できていますか。
○自分の配属されたクラスの子どもの名前を、全員覚えましたか。
○先週、今週、来週の保育の流れとねらいが何で、今の保育がどんなねらいのもとに組み立てられているのか理解していますか。
○職員間の仕事の分担や、それぞれの仕事の内容が、ある程度わかってきましたか。
○教材の置き場や道具の配置、保育に必要なもの、日常使っているものなどの使い方、扱い方を覚えましたか。

3 指導計画案（日案）の立て方

（1）書くための準備

責任実習は、0～6歳のどのクラスで責任実習を行うかわかりません。そのため、すべての年齢の指導計画案（日案）を書けるように準備しておくことが必要とされます。

実習中に子どもたちの様子（発達の特徴）を把握し、保育者の子どもへのかかわり方を理解していくようにしましょう。

実習期間に入る前に、とにかく一度、指導計画案（日案）を書いてみましょう。

参考書や先輩の指導案を見て実際に書いて、文字の大きさや内容を実感してみましょう。

（2）クラスが決まったら書きはじめる

実習園の担任の保育者と実習する子どもの年齢が決まったら、早めに相談して、書き始めるようにしましょう。

保育所保育指針を読み直して、年齢の特徴を把握するようにしましょう。はじめはなかなかうまく書けないかもしれませんが、アドバイスを受けて書き直していくうちに、だんだんわかってくるでしょう。

(3)「中心となる活動」(主活動)は何か

日ごろの子どもたちの様子を基本に、責任(1日)実習の日の1日を思い浮かべてみます。そして、「中心となる活動」(主活動)は何がよいのか考えます。活動のねらいを決め、大体の活動時間配分をつかみ、子どもの動きを予想して書き込みます。

「中心となる活動」(主活動)は、子どもの実態に即していることが大切で、やさしすぎても難しすぎてもよくありません。

(4)保育所の指導案の「ねらい」の書き方

保育所の保育には、「教育」と「養護」の側面があり、保育所の指導案には「教育のねらい」と「養護のねらい」が必要です。3・4・5歳児の「教育」の「ねらい」は、観察した子どもの姿と実習園の指導計画(月案・週案)を参考にして、子どもの視点から、つまり子どもが主語になるように、実習生の願いを記入します。「養護」の「ねらい」については、観察した子どもの姿と指導計画(月案・週案)、さらに保育者から得た情報をもとに、子どもの「生命の保持」や「情緒の安定」のために必要だと思われる実習生のかかわりや援助を、実習生の視点から、つまり実習生を主語にして記入します。

しかし、「教育」と「養護」は独立したものではなく一体となって保育の中で展開されていくので、指導案に書く「ねらい」についても「教育」と「養護」の側面を加味した一体化したものであってもよいでしょう。その場合には、子どもの視点から、子どもが主語になるように書くようにしましょう。

(5)「主活動」の流れ

指導案は、次の3段階をふまえて構想します。

①導入(活動の動機づけ)

子どもたちにとって、これから行われる活動が「楽しみ」「やってみたい」という雰囲気をつくる場面です。

＜ポイント＞

・話を聞く子どもたちの位置、姿勢
・子どもたちが理解できるような内容・話し方
・十分な活動の準備

②展開（主活動）

　いよいよ主活動に入ります。子どもたちが、十分に楽しめるような内容と方法、援助や配慮が必要です。導入で作り上げた雰囲気、子どもたちのやる気、興味・関心をひきつける工夫が必要です。あらかじめいろいろ考えておきましょう。

<ポイント>

・子どもたちが、楽しんで取り組める環境構成
・「ねらい」となる子どもの姿が引き出せるような援助
・製作などの場合、早くできる子どもと、時間がかかる子どもが出てくることを予想しての対応策
・野外活動の場合、雨天への対応

③まとめ

　この活動の楽しさや達成感を子どもたちと共感したり、頑張った姿を認めたり、次回への期待を高めたりすることが大切な場面です。また、次の活動につなげるための動機付けも大切です。

<ポイント>

・子どもに対する賞賛や助言によって、さらなる意欲に結びつくような言葉掛け
・活動を振り返って、次回への動機付け

（6）「援助の留意点」について

　子どもに対する具体的な援助（働きかけ・かかわり）について詳しく記入します。

　毎日繰り返される活動と、自分が入れ込む活動（例：「中心となる活動」）では、保育者として配慮するポイントが違います。

（7）毎日繰り返される活動では

　たとえば、「朝のあいさつ」「片付け」「食事」などは毎日繰り返されていますから、その担任の保育者と同様の動き、言葉掛けで子どもたちにかかわるのがよいのです。クラスごとにパターンがありますから、子どもと担任の保育者を観察して学んで、あまり違わないようにすることが大切です。

（8）自分がその日に入れ込む活動では

　自分が事前にやってみて学習し、クラスの子どもたちに応じた配慮を具体的に考える必要があります。

　たとえば、子どもと手作りおもちゃを作るとします。「けんだま」「紙飛行機」など何を作るのか、材料は何にするのか、どのようなものをどのように作るのか、その作り方は配属されたクラスの子どもの実態（発達）に合っているかといったことです。

4歳では、この大きさで、この材料を使って、どんな説明をすればよいかといったことを、実際に手作りおもちゃを作って考えていくのです。実習園によって、はさみやのりの使い方の約束や、経験の違いもありますから、どんな説明の仕方がふさわしいのかを自分なりに考えてから、担任の保育者によく相談するのがよいでしょう。

(9) ハプニングも考えておく

年齢の差を考えるだけでなく、ハプニングが起こることも考えておくことが必要です。

「ドッヂボール」や「砂遊び」を計画していたら、雨でできなくなってしまったとか、ホールでの遊びを考えていたのが、急に使えなくなってしまったということもあります。そうなったときにあわてないように、担任の保育者に相談しながら、「代案」を考えておきましょう。

(10) 3歳未満児の指導案のポイント

①基本的な考え方

発達が未熟なこの時期には「養護」がとても大切です。ここでいう「養護」とは、生命を保護し、情緒を安定させ、健康と発達を促すことであり、具体的には食事・排泄・睡眠・清潔・運動などです。

また、集団生活の中でも、一人一人が安心して自分のペースで生活できるような保育者のかかわりや環境づくりが必要とされます。指導案の作成にあたっては、まずこの特性をしっかり理解することが必要です。

3歳未満児の保育では、「遊びと生活が一体」となっています。いいかえると「遊びは生活そのもの」ともいえます。子どもたちは、夢中になって遊んでいるときに感じる充実感や、保育者や他の子どもたちとのかかわりを通して発達が促されます。それが、子どもの人格形成の基礎となり、発達を方向づけ、人間関係を築いていくことにつながります。つまり、遊びには「教育」的な側面もあるのです。

保育所保育指針では、3歳未満児の保育については「養護と教育が一体」であるとしています。つまり、遊びを中心に「養護」と「教育」の両側面が、バランスよく組み込まれた指導案を立てる必要性があるのです。

3歳未満児は、複数の保育者で担当するのが普通です。部分実習では、指導案を立てるクラスの保育体制を確認し、担当者と十分相談して計画を立てましょう。実習園の指導計画（月案・週案）を理解し、担当する活動が、1日の全体の流れから遊離しないよう注意することが大切です。

②0・1歳児の計画

0・1歳児の保育では、特に養護面が重視され、食事、排泄、睡眠など子どもたちの基本的な生活の援助が中心となります。また、月齢や個人によって発達に大きな差があり、一人一人の発達の状況に合わせた個人的な援助が求められます。

したがって部分実習では、0・1歳児の全体的な発達の特徴だけでなく、一人一人の発達の特徴や興味・関心についてもよく理解しておく必要があります。

保育所によっては、0歳と1歳を一緒に保育していることもあります。指導案を立てるクラスの保育体制を確認し、一人一人の子どもの発達の違いをよく理解して実習を進めることが必要です。

③2歳児の計画

2歳児になると、基本的な生活はほとんど一人でできるようになります。身体機能の発達も著しく、運動量も増してきます。しかし、発達にはなお個人差が大きく、活発な子ども、おとなしい子どもなど性格の違いもきわだってきます。一人一人の個性もよく理解するように努めましょう。

言葉の発達も個人差がみられ、言葉掛けだけでは保育者の意図が伝わらない子どももいます。そのような子どもにも積極的に言葉掛けを行い、発達が促進されるような援助が求められます。

部分実習の準備として、①子どもの発達段階をしっかりと把握する、②一人一人の子どもとの信頼関係を築く、③子どもの興味をふまえた活動を考える、ことが大切です。

（※保育所保育指針に、詳しく出ているので必ず見ておきましょう）

では、責任実習の指導計画案を見てみましょう。

具体的な記述内容は、実習園の担任保育者の指導に従うことが原則です（以下にあげる指導計画案は、すべて現場で実習に使ったものです）。

責任実習指導計画案　　　〇〇〇〇短期大学　井上（いのうえ）　絢子（あやこ）

実施予定日	〇年〇月〇日(〇)	対象児	りす　組(3歳児)　男8名　女12名　計20名

主活動	○紙コップを使っておもちゃを作り、コロコロレースをする。	準備・教材	○紙コップ(40個) ○新聞紙(40枚) ○ビニールテープ(3色) ○カラーコーン(3つ) ○パネルシアター「いないいないばあ」 ○パネルの台。
ねらい	○紙コップを使った製作を楽しみ、競争することを楽しむ。		
内容	・紙コップを使って、楽しいおもちゃが出来ることを知る。 ・友達と協力して、レースをすることを楽しむ。		

時間	予想される子どもの活動	実習生の動き・指導上の留意点	環境・準備
		（体育指導があるため、朝の活動はやらない。）	・机を出しておく。 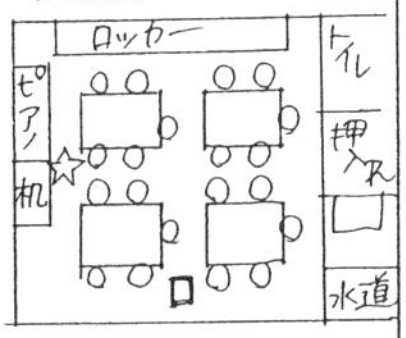 ○：幼児　□：先生 ☆：実習生
10：15	○紙コップの製作 ・イスを持って、席に着く。 ・実習生の話を聞き、おもちゃを見る。	・子ども達に、「これから楽しいおもちゃを作るから、イスを持ってきて座ってね」と呼びかける。 ・今日作るおもちゃの見本を見せて、実際に遊んで見せることで、子ども達の"やりたい""作ってみたい"という思いを引き出す。	
	・クレヨンを持ってくる。 ・紙コップを受け取る。 ・紙コップに好きな絵を描く。	・クレヨンを自分のロッカーから持ってくるように伝え、子ども達に紙コップを配る。 ・紙コップには、好きな絵を描いていいことを伝えて、「先生はこんなもの描いてみたけど、みんなは何が好き？」などと聞いてみたりしてイメージをふくらます。	 紙コップは事前に、黄・赤・青の3色のテープで止めておく。 赤…7コ 黄…7コ 青…7コ
	・クレヨンをロッカーに戻す。	・子どもの様子を見て回り、ほとんどの子が絵を描き終えている様子なら、クレヨンはもう使わないので、片付けてくるよう呼びかける。	
	・イスを片付け、テラス側に並んで座る。	・イスを片付けて、おもちゃを持って、窓の方に並んで座ることを呼びかける。 ・(これからホールへ行き)レースをすることを伝える。 ・紙コップのビニールテープの色に気付かせ、それぞれ赤色、黄色、青色のグループになることを知らせていく。 ・(ホール行ったら)それぞれのビニールテープが貼ってあるから、紙コップと同じ色の所へ並ぶように説明する。	・机を片付ける。 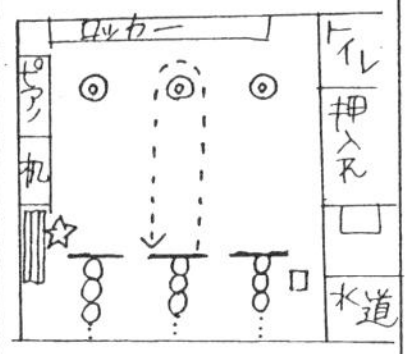  それぞれのテープで巻いておく。 ・カラーコーン3つ置いておく。
10：35	・新聞紙の棒をもらう。 （ホールへ移動する。） ・自分のグループの色のビニールテープの所に一列に並ぶ。 ・ルールを聞く。先生の見本を見る。	・新聞紙の棒を1人に1つ渡していく。 （もらった子から、ホールへ行くよう呼びかける。） ・一列に並ぶよう誘導し、しっかり同じ色の所へ並んでいるか確認をする。 ・「よーいドン！」で一斉にスタートし、1人ずつ走って、次の人へタッチして、そしたらまた次の人がスタートすることを伝えて、実際に走ってやって見せる。	（ホールの場合） 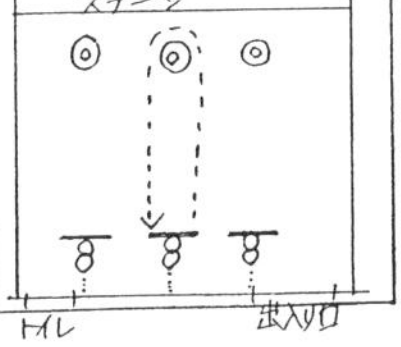

（次頁に続く）

No. 2

	○コロコロレースをする。 ・友達と協力して、レースを楽しむ。 ・友達を応援する。 ・1番になったことを喜んだり、友達へ拍手を送る。	・ルールが分かったら、レースを始める。 ・レースをしている子ども達を応援して一緒に楽しむ。 ・遅くなってしまったり、紙コップが違う所へ転がってしまっても、くじけず最後まで走るように励ます。 ・1番になったチームに拍手を送り、2番、3番のチームも頑張っていたことを認め、みんなで拍手をする。	・アンカーの子どもには、 ○赤→りんごのカード ○黄→バナナのカード ○青→ぶどうのカード を首からかけさせる。
11:00	(部屋に戻る) ・おもちゃをロッカーにしまう。 ・トイレに行き、手を洗う。 ○給食準備 ・イスを用意し、お弁当を出して座る。 ・お当番さんは、おかずや麦茶をみんなの席に配っていく。 ・配り終えたら、手に殺菌スプレーをしてもらう。 ・給食の歌を歌って、みんなで「いただきます」の挨拶をする。	・(部屋に戻るよう呼びかけ)おもちゃは、自分のロッカーにしまうよう伝えていく。 ・給食を持ってきて、汁物を分けて、子ども達に配る。 ・全員の所に給食が行き渡っているか目を配る。 ・消毒のための殺菌スプレーをかけて回る。 ・お当番さんと一緒に、「いただきます」の挨拶をする。	・机をテラスに出してふきんで拭く。 ロッカー トイレ ピアノ 机 押入 水道
11:30	○給食を食べる ・友達や先生と楽しく食べる。 ・残さず食べる。 ・食べ終わったら食器を片付ける。 ・歯磨きをする。	・子ども達と会話を楽しみながら、遅い子や嫌いな物を残している子には声をかけて励ます。 ・子ども達が、食べ終えた様子なら、テーブルを拭いて片付ける。	
11:50 〜	○戸外遊び (遊具・タイヤ遊び・登り棒 おままごと・お団子作り…など)	・食べ終わった子から、外で遊んでいいことを伝える。 ・危険がないように、子どもの様子を見守り、関わっていく。	・パネルシアターの台を借りて、用意しておく。 (うさぎのくつ下人形)
12:20	○部屋に戻る ・トイレに行き、手洗い・うがいをする。 ・パジャマに着替える。	・部屋に戻ることを呼びかける。 ・着替えを見守り、しっかりたたんでしまえているか声をかけ、子どもに気付かせていく。	
12:30	○パネルシアターを見る。 ・くつ下人形を見る。 ・パネルシアター「いないいないばあ」を見る。 ・先生の問いかけに楽しく答える。 ・一緒に歌ったり、動物を当てることを楽しむ。 ・終わったら、トイレに行く。 ・ホールへ移動し、自分の布団を見つける。	・くつ下人形のうさぎを使って導入する。 ・リズミカルに楽しく歌を歌って演じる。 ・子どもの応えや反応をきちんと受け止めて、それに対して応える。 ・終わったらトイレを促す。 ・ホールへ移動することを呼びかける。	ロッカー トイレ ピアノ 机 押入 水道 パネルの台
12:45	○午睡 ・先生にトントンしてもらいながら落ち着いて眠る。	・おなかや背中を優しくトントンして、安心して眠れるようにする。	

(次頁に続く)

No. 3

14:45	○起床 ・起きた子からトイレへ行く。 ・布団をたたんで片付ける。 ・部屋に戻り、着替える。 ・手を洗い、イスを用意して待つ。 ※ぞう組さんがおやつを配る。	・まだ眠っている子には起きるように声をかけ、起床を促し、布団を片付けていく。 ・ゴザをたたんでしまう。 ・パジャマをしまい忘れていないか注意し見守る。	・おやつのテーブルをテラスに出しておく。 ロッカー トイレ ピアノ 押入 机 水道
15:00	○おやつ ・手に殺菌スプレーをしてもらう。 ・おやつの歌を歌って、「いただきます」をする。 ・友達と楽しく食べる。 ・食べ終わった子から食器を片付ける。 ○帰りの支度 ・自分のカバンの中に持って帰る物をつめて、外に出す。	・子ども達の手にスプレーをして回る。 ・歌を一緒に歌い、「いただきます」をする。 ・子ども達がおやつを食べている間に、ぞう組から順にそうじきとモップがけをする。 ・食べ終わったら、食器を給食室へと戻す。 ・帰りの用意がきちんと出来ているか、見守りながら、促していく。	・テーブルを拭いて、外から中へ入れる。テーブルの下のゴミをほうきでひろう。
15:20	○室内遊び ・おもちゃ（ぬいぐるみ、ブロックなど）で好きな遊びを楽しむ。	・おもちゃ（ブロックやぬいぐるみ等）を出してあげて、遊びを楽しませる。	
(15:45)	・おもちゃを片付ける。 ・トイレに行く。	・ゆずり合って遊ぶことを教えていく。	
15:50	○帰りの挨拶 ・先生の周りに集まる。 ・ピアノに合わせて歌を歌う。 （・「いぬのおまわりさん」 ・「大きな古時計」 ・「さようならのうた」） ・帰りの挨拶をして、一列に並ぶ。 ・先生の質に答えて、外に出る。	・ピアノに座って、集まるようにと呼びかける。 ・みんなが集まったら、ピアノを弾き、歌を始める。 ・元気良く歌うように呼びかけ、子どもの反応や様子を見ながら歌う。 ・帰りの挨拶をして並ばせる。 ・子どもの好きな○○について質問する。	ロッカー ピアノ 机 トイレ 押入 水道
16:00	○戸外遊び （遊具・鉄棒・登り棒 おままごと、砂場遊び、お団子作り ……など） ・友達と一緒に遊びを楽しむ。 （順次降園）	・子ども達の様子を見守り、危険だと思ったら注意をしたりしてやめさせる。 ・子ども達と一緒に遊びを楽しむ。	

※実際に作ってみて、説明方法（言葉掛けや援助）などを具体的に考えておきましょう。

（　　責　　任　　）実習指導計画案		指導者氏名	○　○　○　○　㊞		
○年　○月　○日（○曜日）天気		実習生氏名	栗原　穂奈美　㊞		
前日までの子どもの姿	・雨が降り続いて、室内遊びが多い。 ・最近、子どもたちは紙を破いたりすることに興味を持つようになった。 ・友だち同士ボールで遊ぶ姿が見られている。	組・人数	（　4　歳児） ○○○組	男○名・女○名 計　○名	
		準備するもの	新聞紙，ビニールテープ，ペットボトル，絵の具		
主活動	①雨降り：実習生と一緒に新聞紙を千切り、雨に見立ててパラパラと降らせる。一定時間遊んだあと、まとめてボールを作る。 ②ボーリング遊び：ペットボトルのピンに新聞紙のボールを当てる。	ねらい	養護：新聞遊びを通して実習生と共感し合い、信頼感を持つ。 教育：①新聞紙を雨に見立てて降らせ、友だち同士楽しむ。②新聞紙を1つのボールにしたり、ボーリングをして、達成感を味わう。		

時	分	環境・準備	子どもの活動（生活の流れ）	保育者の援助・保育の配慮
10	00	○：子ども　●：実習生 ・机・椅子を片付ける。	・子どもたちは座っている椅子を片付け終わったら、友だちと協力をして机を片付ける。 ・机・椅子を片付け終わったら、指定の床の場所に並んで座り、みんなが終わるまで待つ。	・「これから、机・椅子を片付けます。自分の椅子を片付けたら、みんな一緒に机を片付けましょう。」と言葉かけをする。 ・「片付け終わった人から順にここに座って並んでいてください。」と伝える。
10	05	＜手遊び＞ ピアノ 床に座る	○手遊び「雨こんこん」 ＜①～④はそれぞれ2度ずつ歌う＞ ①ピチピチピチピチあめこんこん ②ザーザーザーザー雨ザーザー ③ポツポツポツポツあめこんこん ④ラッロッラッロッやみました。 ・新聞紙の雨に期待を持つ。	・「みなさん、机と椅子が片付きましたね。みんな頑張ったので、あっという間に片付きました。ありがとう。」と話す。 ・「毎日雨が降っていますね。これから『雨こんこん』の歌を歌います。みなさん知っていますか？お姉さん先生と一緒に歌を歌いながら手遊びをしましょう。」と笑顔で話し、楽しそうに歌う。 ・「雨の降り方はいろいろですね。今日は、お部屋の中で雨を降らせます。なんと、新聞紙の雨です。新聞紙を細かく千切って雨の様に降らせましょう。」と話し、新聞紙を配る。
10	10	＜雨降り＞	○雨降り ①新聞紙をまず大きく破き、少しずつ小さく千切っていく。 ②新聞紙の雨を降らせることを楽しむ。	・「新聞紙は、はじめ大きく破いて、だんだん小さく千切っていきます。そうすると、このように雨になります。」と見本を見せ、楽しめるようにする。 ・「それでは立ちましょう。新聞紙を破いて雨をたくさん降らせてね。」と話し、千切れない子どもへの援助をする。 ・「うわーすごい！雨がたくさん降ってき

（次頁に続く）

時	分	環境・準備	子どもの活動(生活の流れ)	保育者の援助・保育の配慮
				ました。」と話しかける。 ・子どもの様子を見て「もっといっぱい！すごいね！」と声をかけ、全員が雨降りを楽しんでいるかを確認し、できない子どもへの援助をする。
10	15		③新聞紙をギュッと固めてボールを作る。友だちと協力して大きくしていくことを楽しむ。	・「雨降りは終わりにしましょう。ハイ、止めてー！それでは、今度は雨の新聞紙を集めてボールを作ります。友だちと協力してよーい、ドン！」と声をかけ、新聞紙のボールを作る。 ・ボーリング用のボールを2～3個作り、部屋の新聞紙がなくなるように促す。
10	20	<ボーリング遊び> 色水を入れる コロコロと転がす 輪	○ボーリング遊び ①指定された場所に座り、ボーリング遊びの説明を聞く。 ②ボールをピンに当てる活動を喜び、参加する。	・「お部屋に新聞紙の雨は残っていないかな？」と子どもに問いかける。 ・「それでは、次にこのボールを使ってボーリング遊びをします。このボーリングのピンを目標にボールを当てて倒してください。」とピンを示しながら説明する。 ・「みんなが立つ場所は、この輪っかの中です。それでは、後ろを見てください。」と、輪とピンを立てて投げて見本を示す。 ・順番を守って、ボールをピンに当てるように促す。 ・ボールがピンに当たらない子どもが多い場合は、距離を縮める等の配慮をする。
10	40		○片付け ・終わりになることを理解する。 ・「楽しかったね」と話し、「はーい」と手を挙げる。	・「これで、ボーリング遊びは終わりです。片付けたらここに集まってください。」と声をかける。 ・「ボーリング遊び楽しかったん？」と問いかけ、返事を待ち、楽しかったことを振り返り共感する。 ・「またボーリングをしたい」との意見が出たので夕方の自由遊びの時間にもう一度することを約束する。
			○手洗い ・新聞で黒くなった手を洗い、外に出て遊ぶ。	・手を洗うことを促し、外遊びをすることを伝え、次への行動を示す。

（次頁に続く）

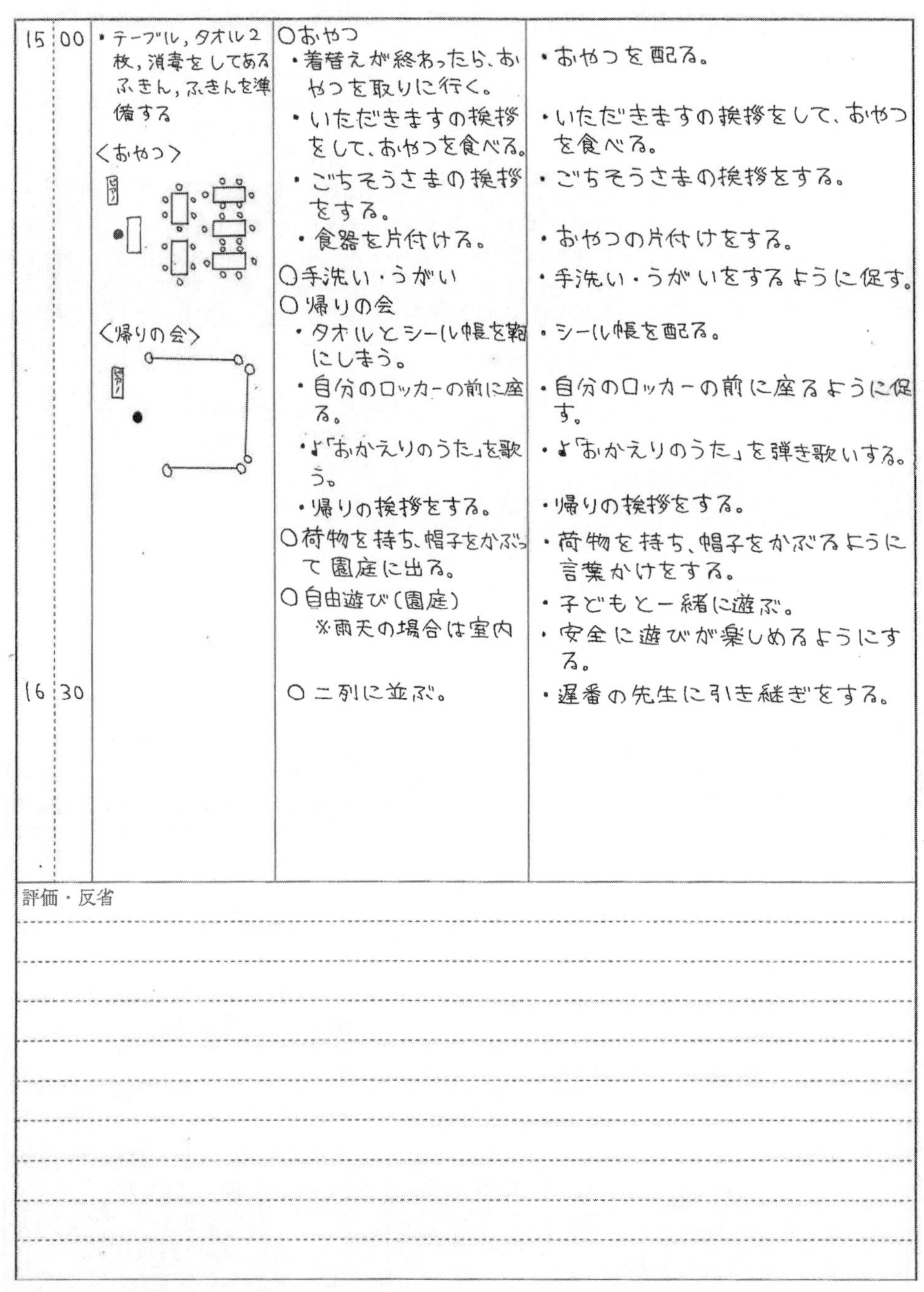

時刻	環境構成	子どもの活動	実習生の援助
15:00	・テーブル，タオル2枚，消毒をしてあるふきん，ふきんを準備する <おやつ>	○おやつ ・着替えが終わったら、おやつを取りに行く。	・おやつを配る。
		・いただきますの挨拶をして、おやつを食べる。	・いただきますの挨拶をして、おやつを食べる。
		・ごちそうさまの挨拶をする。	・ごちそうさまの挨拶をする。
		・食器を片付ける。	・おやつの片付けをする。
		○手洗い・うがい	・手洗い・うがいをするように促す。
	<帰りの会>	○帰りの会 ・タオルとシール帳を鞄にしまう。	・シール帳を配る。
		・自分のロッカーの前に座る。	・自分のロッカーの前に座るように促す。
		・♪「おかえりのうた」を歌う。	・♪「おかえりのうた」を弾き歌いする。
		・帰りの挨拶をする。	・帰りの挨拶をする。
		○荷物を持ち、帽子をかぶって園庭に出る。	・荷物を持ち、帽子をかぶるように言葉かけをする。
		○自由遊び（園庭） ※雨天の場合は室内	・子どもと一緒に遊ぶ。 ・安全に遊びが楽しめるようにする。
16:30		○二列に並ぶ。	・遅番の先生に引き継ぎをする。

評価・反省

※ 3歳以上は、個人持ちのお道具箱にハサミやのりがある場合もあるので、確認しましょう。

準備らんは『子ども自身が用意するもの』と『実習生が用意するもの』『園から借りるもの』に分けるとよいでしょう。

保育実習　指導計画案

実習園	○○市立○○保育所	クラス	4歳児（きりん組）	出席数	男　○人 女　○人　計　○人
指導者	○○　先生	氏名	山﨑　千恵子	責任実習	○年　○月　○日（○曜日）

主な活動	・新聞紙で遊ぶ ・ヨーヨー作り	ねらい	・新聞紙で遊び 開放感を味わう ・新聞紙をやぶいた後にヨーヨー作りを楽しむ

時間	予想される子どもの活動	指導・援助の留意点	環境構成 準備
	⊙＜順次登園＞ ・挨拶をしかばんをロッカーに片付けて荷物を整理する ・シールを貼る	・1人ずつ挨拶をし、荷物を整理する様に声を掛ける ・シールを貼る様に促す	★Ⓢは担任の先生に手伝って頂く動作 ⊙シールを出しておく ⊙保育室の着替えの入ったたなをはじに寄せておく
＜外で遊ぶ＞	・荷物を整理できた子から外に出て自由遊びをする	・終わった子から外で遊んで良い事を伝える ・登園して来た子に挨拶をし対応をする ・主活動の準備を子どもに手伝ってもらう ・一緒に外に出て遊び、危険がない様に配慮する	⊙主活動の準備をする（子どもに手伝ってもらう） ＊材料 ・新聞紙　120枚 ・ビニール袋　40枚 ・輪ゴム　40組 ・セロハンテープ ・ビニールテープ ・箱　6コ
	・けんかが起きてしまう	・けんかが起こった場合は理由をよく聞き納得する様にはなしをする	
9：40 ＜片付け＞	・使った玩具を片付け部屋に戻る	・玩具を片付ける様呼びかけ遊んでいる子に片付けを促す。部屋に戻る	① 新聞紙と箱は部屋に置く ② 新聞紙と箱以外は小ホールに置く
＜排泄 手洗い、うがい＞	・排泄、手洗い、うがいをする	・排泄、手洗い、うがいをする様促し見守る ・全員部屋に入った事を確認する	③ ビニールテープを切り分け、各テーブルの周りに貼り使える状態にする
	・ござの上に座って待つ	・ござを敷き、手を洗った子からござの上に座って待っている様に言葉掛けする	・ござ
	・挨拶をして実習生の話しを聞く	・子ども達の前に椅子を置いて座り、挨拶をして主活動の説明をする	・椅子
10：00 ＜主活動＞ ＊導入＊	・いろいろな考えを出しながら答える	・なぞなぞを出して何を使って遊ぶか子ども達に質問をする ・"新聞紙"という答えが出たら正解を伝え実際に1枚やぶいて見せる	・新聞紙
	・部屋の中央に移動する ・新聞紙を1枚もらう	・部屋の中央に移動する様に促す ・1人1枚ずつ新聞紙を渡しやぶく様に促す	Ⓢ新聞紙を配るのを手伝って頂く
10：10 ＊展開＊	・新聞紙を貰った子からビリビリにやぶく ・ビリビリにやぶいた新聞紙で自由に遊ぶ	・やぶり終わったらもう1枚ずつ渡し新聞紙を3枚はやぶく様に言葉掛けをする ・やぶいた新聞紙を使って上から降らせたり、プールや海の水に見立てたりして自由に遊ぶ様に促す ・走ったり滑って遊んだりしない様に声を掛け、危険がない様に配慮する	Ⓢ子どもと一緒に遊ぶ
10：35	・遊ぶ事をやめて話を聞く	・話をする事を伝え遊ぶのをやめる様に呼びかける	

（次頁に続く）

	・床に散らばっている新聞紙をグループ毎に競争しながら箱に集める	・床に散らばっている新聞紙をグループ毎に競争をしながら箱に集める事を話す ・子どもと一緒に集める	・箱　6コ
10：40 〈小ホール〉	・実習生の話しを聞く ・実習生の方を見る	・新聞紙の入った箱を子どもに持たせ小ホールへ移動し着席する様指示する ・子どもの前に立ち箱の中の新聞紙をビニール袋に沢山詰める事を実際に行いながら子どもに見せる	・机，椅子 ・ビニール袋
10：45	・ビニール袋を貰った子から新聞紙を詰める ・ビニール袋の口をまわして輪ゴムを通しセロハンテープでとめる ・分からなくなってしまったりセロハンテープを取り合ったりする子がいる ・ヨーヨーに模様をつける	・ビニール袋を配る ・詰めているところを回りたくさん入れる様に声を掛ける ・全員できたら話す事を伝えビニール袋の口をまわして輪ゴムを通しセロハンテープで止める様に実際に行いながら説明をする ・輪ゴムを配りセロハンテープを置く ・まわりながら分からなくなってしまった子に対応したりセロハンテープを順番に使える様に援助をする ・できたら机の周りに貼ってあるビニールテープで模様をつけて良い事を伝える ・様子を見ながら手伝いビニールテープが足りなくなったらその場で切り分ける ・ヨーヨーができ上がった子は自分の名前が書いてあるシールをヨーヨーに貼る様声を掛ける ・シールを貼っていない子に促す	Ⓢビニール袋を配る事を手伝って頂く ・輪ゴム ・セロハンテープ Ⓢ分からなかったりできなかったりする子の援助をして頂く ・切り分けたビニールテープ Ⓢビニールテープが売り切れてしまったら切り分けるのを手伝って頂く ・子どもの名前を書いたシール Ⓢ名前を書いたシールを貼っていない子に貼る様声を掛けて頂く
11：10 ＊終結＊ 〈部屋〉	・実習生の話しを聞く ・部屋で実際に行いながら遊ぶ ・実習生の説明を聞きヨーヨーつき大会をする	・大体の子ができたら遊び方を説明し部屋に移動して遊ぶ様に話しをする ・友達にぶつけない様に伝える ・遊びを見守る　・机上を片付ける ・ヨーヨーつき大会をする為説明をする ・「よーいどん」で始め，終わってしまった子はその場に座り最後までついていた子の勝ち	・でき上がったヨーヨー Ⓢ最後の子ができ上がるまで見守って頂く
11：25 〈片付け 排泄，手洗い〉 〈昼食の準備〉	・その場に座り主活動の感想を言う ・ヨーヨーをロッカーまでついて行き片付けて排泄，手洗いをする	・その場に座る様に呼びかけ感想を聞く ・昼食にする事を伝え，自分のロッカーまでヨーヨーをついて行き片付け，排泄をしよく手を洗う様に話しをする ・手を洗い机を拭く ・給食を配膳室に取りに行き，当番に配膳する様促す。どのグループに配ったら良いか指示する	・机，椅子，布巾 ・給食
11：40 〈昼食〉	・当番は給食を1つずつ配る ・揃ったグループから当番と一緒に「いただきます」を言う ・給食を食べる ・早く食べる事を競争する子がいる	・当番が給食を配るのを見守り援助する ・揃ったグループから当番と「いただきます」をする様に促す ・片付けの準備をして子どもと一緒に食べる ・よく噛んでゆっくり食べる様に言葉掛けする	

（次頁に続く）

	・好き嫌いをして食べない子がいる	・好き嫌いをしている子の所へ行き、一口でも食べられる様に言葉掛けをする。 食べられたら誉める様にする	
12：10 〈片付け〉 〈歯磨き 着替え 排泄〉	・食べ終わった子から「ごちそうさま」を言い食器を片付けて歯を磨き、パジャマに着替える ・排泄をする ・着替えが終わった子から自由遊びをする。（作ったヨーヨーで遊んでも良い） ・着替えが終わっていないのに遊んでいる子がいる	・食べ終わった子から「ごちそうさま」を言い食器を片付けて、歯を磨き、パジャマに着替える様促す ・排泄をする様促す ・机を拭き給食を片付ける ・食器を配膳室に置きに行く ・着替えが終わっていないのに遊んでいる子には着替えをする様に言葉掛けをする	・布巾 ・玩具
12：30 〈片付け〉	・玩具を片付ける ・ござに座って待つ ・片付けないで遊んでいる子がいる	・時間になったら玩具の片付けを呼びかけござに座る様に声を掛ける。ござを敷く ・遊んでいる子には「みんなが待っているよ」などと言葉掛けをし、座る様に促す	・ござ
12：35 〈紙芝居〉	・紙芝居を見る	・全員が座ったらこれから読む紙芝居の話をして紙芝居の読み聞かせをする	・紙芝居
12：45 〈排泄〉 〈ホールへ移動〉 〈午睡〉	・排泄をしたい子はトイレへ行き、その他の子はドアの前に並んで待つ ・静かにホールへ移動する ・自分の布団へ行き寝る	・排泄をしたい子にトイレへ行く様促し、その他の子はドアの前で並んで待つ様指示する ・静かにする様言葉掛けをしながらホールへ移動する ・自分の布団へ行く様声を掛ける ・布団を掛けたりトントンをして寝かしつける	・布団
14：30 〈起床〉 〈着替え〉 〈排泄 手洗い〉	・起きた子から布団を片付け、部屋に戻る ・着替える ・排泄、手洗いをする	・カーテンを開けて起こし挨拶をして布団を片付ける様促す。部屋に戻る ・着替えをする様声を掛ける ・着替えたら排泄、手を洗う様言葉掛けする ・手を洗い机を拭く	・机 椅子 布巾
15：00 〈おやつ〉	・着席する ・当番はおやつを1つずつ配る ・揃ったグループから当番と一緒に「いただきます」を言う ・友達とお喋りをしながら食べる	・おやつを配膳室に取りに行き準備をする ・当番がおやつを配るのを見守り援助する ・揃ったグループから当番と「いただきます」を言う様に促す ・片付けの準備をして子どもと一緒に食べる ・ゆっくりよく噛んで食べる様に言葉掛けする ・食べるのが遅い子には頑張って食べられる様に声を掛ける。おやつを片付ける	・おやつ
15：15 〈片付け 歯磨き〉 〈荷物を運ぶ〉 〈自由遊び〉	・食べ終わった子から「ごちそうさま」を言い食器を片付けて歯を磨く ・歯ブラシ、コップ、連絡帳をかばんにしまう。担任の先生に口の中と荷物をチェックしてもらう　・帽子をかぶる ・チェックを受けた子から2人ずつ階段下に荷物を持って行く ・終わった子から自由遊びをする	・食べ終えた子から食器を片付けて歯磨きをする様声を掛ける ・歯を磨いたら歯ブラシ、コップ、連絡帳をかばんにしまう様呼びかける ・食器を配膳室に運び机を拭く ・荷物をチェックしてもらった子から荷物を2人ずつ階段下に持って行く様声を掛ける ・荷物を下に持っていない子に声を掛ける	・歯ブラシ ・連絡帳 Ⓢ荷物と口の中をチェックして頂く ・布巾

（次頁に続く）

15：30 〈片付け排泄〉 15：35 〈絵本〉 15：50 15：55 〈自由遊び〉 16：00 〈順次降園〉 16：30 〈残留保育〉 17：00	・玩具を片付け 排泄をする ・ござに座る ・絵本を見る ・実習生の話しを聞く ・1列に並び 実習生と挨拶をして外に向かう ・自由遊びをする（外） ⊙〈順次降園〉 ・遅番の子は担当の先生の所に集まる ・人数確認をしてもらう ・話しを聞く ・自由遊びをする（外） ・玩具を片付ける ・手を洗い ホールへ行く ・自由遊びをする（室内）	・玩具の片付けを呼びかけ、排泄をする様促す　ござを敷く ・全員座ったら絵本の読み聞かせをする ・本日の活動について感想を言い、今日で保育園をさようならする事を伝える ・作ったヨーヨーを持って帰る事を伝える ・ろう下に出て、子どもと1人ずつ挨拶をして外に送り出す ・危険がない様に気を配りながら子どもと一緒に遊ぶ ・遅番の子は担当の先生の所に集合する様声を掛ける ・話しを聞く様 言葉掛けをする ・危険がない様に配慮し、子どもと遊ぶ ・玩具の片付けを呼びかけ 手伝う ・手洗いを見守り ホールへ行く様促す ・ホールへ行き 子どもと一緒に遊ぶ	・ござ ・絵本　椅子 ・玩具 ⊙〈実習終了〉

※主な活動でやることは、実際にやって試してみて（作ってみて）、具体的な言葉かけや援助の方法を考えておきましょう。

4 指導計画案（日案）ができたら…

担任の保育者に相談をして、何回も書き直してようやく清書が終わります。

出来上がった指導計画案（日案）は、園長先生、主任・担任の保育者用に数部用意（コピー）します。実習園によって提出方法が異なりますので、担任保育者に確認しましょう。

責任実習当日の朝、先生方に「本日はよろしくお願いします」と直接お渡しできるとよいですね。

5 実習が始まったら…

指導計画案（日案）のとおりにはいかないことばかりでしょう。計画したようにできていなくても、焦ることはありません。むしろ、計画にとらわれすぎて、子どもからのせっかくの「もっとやりたい」「こうしたらどう？」のような欲求や提案を無視して、何が何でも時間を守らなければ…という実習生も少なくありません。

指導計画案（日案）に書いた内容とはまったく違う動きになることもあります。実は、そのとおりにできないことがあって当然であるといっても過言ではないのです。子どもたちの様子に合わせて、多少の変更ができるほどのゆとりを持ちましょう。

◇ワンポイントアドバイス⑤：わからないことは迷わず質問◇

☆担任の保育者と実習生の行動が違うと、困るのは子どもたちです。保育中の実習生の立場について、どこまで手出しをしてよいのか、実習生のいる場所や動きなど、担任の保育者が動きやすいように配慮し、気づいたことや疑問に感じたこと、わからないことはしっかり聞きましょう。

6 実習が終わったら…

責任実習が終わると、その日か翌日（実習の最終日になることも多い）には、園内の保育者が反省会を開いてくれることでしょう。

先生方は日常の仕事で忙しい中、特別に時間を設定してくれるのです。ですから、実習生も反省会が始まるまでに反省すべき点などをメモ帳などにまとめておき、発言できるようにしておきましょう。

7 反省のポイント

（1）責任実習を振り返って…

①全体を思い出しての感想 ⇒ 感情的な反省だけにならないように。
「実習で何を学んだか」という視点で考えておくこと。

②問題点（反省すべき点）は何か？ ⇒ どうすればよかったのか
（わかる範囲で考えておく）
⇒ 本日の目標（ねらい）に対しての反省点は何か

③よかった点、学んだことなどは？

（2）自分の学んだことを発言する

①何をどのように努力したのか。
〜たとえば、「事前準備の取り組み」「教材研究への取り組み」
「子どもとのかかわり」「ピアノ」「指導計画案」

②担当保育者から学んだこと、助言などからわかったこと。

※園や担当保育者の批判をしないようにすること。
言葉づかいに気をつけ、自分の考えをしっかりと話す。

先輩の感想から②

前期実習は、初めての事ばかりで期待と不安でいっぱいでしたが、新しい発見が沢山でき充実した実習ができました。各年齢、全クラスに入らせて頂いたので、それぞれの発達段階や遊び・生活の違いを実際に見て学ぶことができました。私が重要だと感じたのは『言葉かけ』です。一人一人に対して、保育者が適切な言葉かけをすることで、子どももしっかり受けとめてくれることがわかりました。

後期実習では、前期実習よりも積極的に子どもたちと関わり、保育活動に参加できました。各年齢での部分実習では、指導計画を立てるのが、とてもむずかしかったです。けれども、子どもたちの前でやってみたいと思っていたことができ、子どもたちが、「楽しかった」と言って、とても喜んでくれて嬉しかったです。

実際にやってみると、自分の保育を見直すことができ、これからの課題を見つけることができました。子どもたちの元気な笑顔に会えて、毎日がとても楽しかったです。

次年度実習生への連絡事項・申し送り事項等

○前期実習からどんどん子どもと関わっていくようにしましょう。また雑用も自分からすすんでやらせていただき、保育活動に積極的に参加する気持ちが大切です。
○部分実習は各年齢でやるので、年齢に合ったものができるよういくつか考えておくと、指導計画をたてるときに困らないと思います。
○わからない事はそのままにせず質問し、その日に解決した方がいいです。
○毎日目標をもって実習を行いましょう。とにかく元気に明るく、頑張って下さい。

（齋藤みゆ紀）

18 実習日誌の書き方

1 日誌の意味

日誌を書くことにより、その日1日の実習を振り返り、反省することができます。また、どのような実習であったのか記録にすることで、新たな課題が明確にできます。

実習日誌は、実習生として学んだことが貴重な記録としてぎっしり詰まっている、自分だけの保育の手引きとなるのです。学校では学べないことも多く、貴重な財産となるはずです。なお、個人的な情報も記録されていますから、大切に扱いましょう。

2 ポイント

○1日の保育の流れ、保育の配慮点、観察記録と感想などをメモや記憶によってできるだけ具体的にそして簡潔にまとめましょう。

○限られた時間で、誰にでも理解できるようにポイントをつかみ要点を絞って書くようにします。

○指導、助言されたことを忘れずに記録し、反省点として認識するとともに次への課題（目標）とします。

○実習日誌は、毎日担当の保育者によっても指導が異なります。記入前に書き方の様式や内容を打ち合わせるとよいでしょう。

3 日誌を書くにあたって

（1）メモについて

保育中にメモが許可されたら、活動内容やその時間、子どもや保育者の言動など、その場で小さなメモ帳などに記録します。日誌を書くときに1日を振り返る際、大変役立ちます。園によっては休憩時間や保育が終わってから行うように決められているところもありますので、必ず確認してください。

（2）記録の清書はペン書きにする

保育所における日誌は、長期間保存されるいわば「公文書」であり、実習日誌はそれを記入するための第一歩です。

初日は、鉛筆書きで提出して書き方の要領を見てもらってから、最後はペンで清書をしましょう。内容をわかりやすく簡潔に、誤字脱字に気をつけましょう。そのために国語辞典を必ず手元に用意しておきましょう。
丸文字やマンガ文字は避け、読みやすいていねいな文字で書きましょう。

（3）週案を参考にする

週案を見せてもらえたら（あるいは資料としてもらえたら）、記録をするときに参考にしましょう。1週間の保育の流れや、ねらいを知ることができ、保育の配慮が理解できるようになります。

4 日誌の内容

先にも述べたように、日誌の記録の仕方は、実習園や担当の保育者によって考え方に違いがあり、指導方法も異なります。ここでは、基本的な事柄を説明します。

（1）子どもの活動

主にデイリープログラムの表記を参考に記入できます。その日の自分のねらい（目標）に合わせて、子どもの様子を具体的に記入すると中身のある記録になります。

○どのような活動をしたか
○友達関係はどうであったか
○遊びや活動への取り組みの様子はどうであったか
○生活習慣に関してはどんな様子か

毎日の保育の中で一人一人の子どもがどのように変化しているのかを確かめてみましょう。

（2）保育者の動き、保育の配慮

保育者はどのような動きをしているのか、その動きはどんな点に配慮をしているのかを、乳児・幼児の活動に対応させて記録します。

○どんな援助をどのようにしていたのか（「気付き」を中心に記入するとよい）
○「誰が」「いつ」「どこで」「どんな援助を」していたのかと具体的に捉えることが大切

（3）実習生の動き

実習生とはいえ、子どもたちにとっては保育者の一人です。子どもとよいかかわりができたかどうかを評価し、記録しておくことが大切です。

○自分だけの目標ではなく、子どもや保育者の動きとのつながりの中で適切な動きであったか
○子どもの要求や感情を受容し、適切なかかわりができたか

（4）環境・準備

子どもたちの遊びや活動は、準備されている環境によって変わってくるものです。また、保育者がそれを予想して意図的に準備するものであることを、実習をとおして学びましょう。

○どんな環境や教材がどのように準備されていたか

～絵や図で表すと見やすくなる

○子どもたちはどのように環境に対応していたのか

○準備された環境や教材は、子どもの遊びや活動にとって適切であったか

5 実習全体を振り返って

実習後に、実習内容を振り返り、反省点をみつけることはとても大切なことです。「実習を振り返って」「実習を終了しての感想」のページには、実習で「どのようなことを学んだのか」「心を動かされたこと」「よかったこと」「反省すべきこと」「もっと学ぼうと思ったこと」などを具体的に記入します。

実習前に考えた“実習課題”や“実習目標”に対して、実習を通してどうだったのか、自分のよかった点、悪かった点を客観的に記録しておくと、これからの課題となり、大変役立ちます。

6 その他

子どもの行動や言葉に驚いたり、疑問を感じたりすることもあるでしょう。実習中に学んだ発見や疑問を、筋道を立てて簡潔に記録しましょう。また、アドバイスされたことも具体的に書きましょう。

担任の保育者に質問を書くときは、会話のような表現（なれなれしい言葉づかい）は避けましょう。また、感想や反省欄には、その日の目標を振り返り、特に心に残ったことを中心に書くようにしましょう。

学校で教わったように記入してもうまくいかなかったり、実習中にメモを取れなかったり、園の様式で記入することでてこずったり、いろいろと苦労しているようです。学校の授業では、記入に関しての基本的な事項について説明があります。しかし、園によって様式や求められる記述内容には違いがあります。保育者の数だけ保育観があるように、記入の方法に関する指導も保育者の数だけあるともいえるのです。

基本的なことを理解しておき、初日の日誌を書いてみましょう。担任の保育者に見ていただいたうえで、アドバイスされたことを翌日の日誌の記入に取り入れ、修正しながら、記述方法が日々向上していくように努めましょう。

※では、実際の実習日誌の例を見てみましょう（実習中は実習園の指導に従ってください）。

◇ワンポイントアドバイス⑥◇

実習日誌には多くの場合、毎日の記録の前に、実習園に関する情報・オリエンテーションの内容・実習課題等を記入する欄があります。

実習課題については、養成校の実習の手引書や保育所保育指針などを参考にして考えていきましょう。実習課題は、実習中にあなたが“何を学びたいのか”を明らかにすることです。次に一例を挙げておきますので、あなたの実習課題を決めて記入しましょう。

＜保育実習Ⅰ（前期実習）の実習課題の例＞

○保育所の生活と1日の流れを通して、保育士の業務内容や子どもへの援助や関わり方を学ぶ。
- ・1日を通して、保育士をよく観察し、また、行動して業務内容を知る。
- ・子どもへの関わりをよく観察し、自分自身に吸収する。

○子どもの年齢別の遊びや保育環境、生活を通して、子どもの健康と安全について学ぶ。
- ・子どもの遊びや玩具をどのように使っているかを観察する。
- ・各年齢の保育室を観察し、保育士が子どもたちへどのように配慮しているかを知る。

○保育の1日の流れを観察し、子どもや保育者の様子を理解できるようにする。
- ・保育者や子どもを一番よく観察できる立ち位置を考えて行動する。
- ・よく観察し、自ら積極的に行動する。

＜保育実習Ⅱ（後期実習）の実習課題の例＞

○保育活動に参加し、保育技術を身につける。
- ・保育活動に積極的に参加・体験し、先生方の保育の展開をよく見て学び、子どもたちが自発的に楽しく活動できるように、保育士としての保育技術や知識を身につける。

○一人一人の子どもに対する理解を深め、適切な対応と指導方法を学ぶ。
- ・子どもたちと多くの関わりを持ち、子どもたちの言葉をよく聞き理解することで、一人一人に合った言葉掛けや援助を学ぶ。

○保育者の立場に立って、保育指導計画を立案し、実践する。
- ・責任実習の指導案を考え、子どもたちの年齢や様子や特徴に合った指導案を立案し、実践する。クラス全体や一人一人への援助について学ぶ。

確認しましょう

	項目	内容
実習開始前に記録しておく事項	表紙	実習名、実習施設名称、実習期間、所属養成校名、氏名など
	保育所の概況	施設名、設置主体、所在地（住所、電話）、施設長名、実習指導者名、保育方針・保育目標・特色、沿革など 児童数、職員数、クラス（クラス名、児童数、担任保育者人数）、その他の職員構成
	オリエンテーションの内容	実習時間、配属クラス、期間中の活動や行事、指導実習の進め方、実習日誌の提出方法、持ち物や服装、その他実習先に応じた内容
	本実習の目的・ねらい	実習科目として示されている目的・ねらいと、自分で立てたこの実習に対する取り組みのねらい
	実習計画表（*1）	実習期間中の毎日の活動や行事、実習目標や内容、その他
実習中に記録する事項	保育所の環境	保育所全体（園舎および園庭など）の環境図
	保育室の環境	配属クラスの保育室内の環境図
	日々の実習記録（*2）	月日、曜日、天気、クラス名と年齢、担任保育士、児童数（出欠）、今日の実習目標 生活の流れや保育の展開（子どもの生活する姿やそれに対応した保育士の関わりや援助、実習生の動きや気づき、簡単な環境構成の図など） 自分の実習目標や保育の実際に対応した考察、担任保育士または実習指導者からの講評
	指導計画	指導実習のために作成した指導計画、教材研究などの資料
	保護者支援、地域子育て支援、地域連携や関係機関との連携	保護者支援、地域子育て支援、地域連携や関係機関との連携について、観察や実際の関わりによって理解したこと
ふり返りの記録	1週間が終わって（中間のふり返り）	1週間を終えての自己評価、目標の再設定や後半の取り組みへの意欲など
	ふり返りの会（反省会）の記録	実習後半にて開催されたふり返りの会（反省会）、中間時点でのふり返りの会（反省会）、毎日のふり返りの会（反省会）などで受けた指導内容
実習後に記録する事項	実習のふり返りと今後の課題 総評	実習終了後に実習全体をふり返り、実習を通して学んだ点や見いだした課題、今後取り組みたい事項やそのための学習計画などを整理して記入し、総評を受ける

*1 実習中も必要に応じて書き加えや修正を行う
*2 1日の保育の記録の記載方法や内容については、実習担当保育士からの指導を受けながら、実習生自身も実習目標や内容に応じて工夫することが望ましい

<実習中に記入する日誌以外の書類>

1	健康状態記入表	実習1週間前から実習修了1週間後までの朝夕の健康状態
2	出勤簿（出席カード）	実習施設に置き、出勤印と毎日の実習時間を記入

＜実習日誌の実際＞

園の概況表(例)

園名	(設置主体) ○○市立○○○○○○保育園											
園長名	○○○○　先生					設立		昭和 ○ 年 ○月				
組名	ひよこ	あひる	うさぎ	きりん	らいおん				計	受持のない職員・職種		
年齢別	1	2	3	4	5							
園児数	15	18	26	26	26				111	フリー	園長 用務員 調理員	
職員数	3	3	2	1	1				10	2		

園の方針・保育の目標	"友だちと仲良く遊ぼう、丈夫な体をつくろう、あいさつをしよう、話を聞ける子になろう" 豊かな自然環境を生かし、散歩や全身を使った活動を多く取り入れています。「電車の見える保育園・電車で遊べる保育園」を特色にシンボル遊具のウッドトレインのある広い園庭を地域に開放する等様々な方々とのふれあいを通じて、優しさや思いやる気持ちを育み、子どもたちが心身共に健やかに育つよう願って保育をしている。
地域の特色・自然環境等	園の近くには○川が流れており自然が周辺には多く広がっている環境の中で保育を行っている。たくさんの植物に囲まれ、伸び伸びと過ごすことが出来る点で、遊びの中で子どもたちは、虫みつけや木の実、花など自然に触れ合いながら生活できる環境づくりも心掛けている。また、園の近くに京王線が通っている為「電車の見える保育園」という特色をもち、子どもたちが大好きな電車を見に行く事が出来る。園庭にはウッドトレインの木製遊具もあり、広い園庭を地域にも開放することで子どもたちが多くの人と触れ合える環境づくりも大切にしている。
子育て支援	広報や地域での交流、電車相談など子育て支援の体制を整え、子育てに対する悩みや不安など、少しでも保護者の力になれるような相談体制をつくっている。多摩平の隣には子育て支援センターがあり、日常の交流に加えて、保護者に寄り添っていく環境もつくっている。 子どもと保護者、両者に対する支援を整えていくと共に、母子出張講座、手づくりおもちゃ教室を開くなど○○○○○○保育園では子育て支援の充実した交流を行っている。
家庭との協力方法	「保育園とはどんな所？」という保護者の気持ちを丁寧に汲み取り、支援していく体制を整えていく方法を多くつくり、家庭と一緒に子どもを見守り、成長を感じていく。団地の中に併設されている保育園である為、朝の時間に一人一人と情報交換や交流をするとなると、駐車スペースの問題などがあり、なかなか相談や子どもの詳しい日々の様子などを話す時間が無い。その為、家庭との連絡ノートやクラスだよりなどで、保護者との子育ての協力体制を整えるようにしている。
その他	近くに浅川が流れている為、大雨での洪水など水害による対策、災害時の避難経路など、対応も園全体で把握し、すぐ動くことの出来るよう対応している。

(浦　逸稀)

実習園の園舎・運動場・遊具の配置図 (例)

園舎　給食室　トイレ　玄関　事務室　トイレ

ひよこ組　あひる組　きりん組　らいおん組　うさぎ組　ホール

水道　水道　玩具　藤棚　プール

公共道路

園舎総面積　約　○　m²	運動場総面積　○　m²

遊具は略図で記入

ブランコ　シーソ　植木　花だん　スベリ台　砂場　ジャングル

保育室の配置図（例）

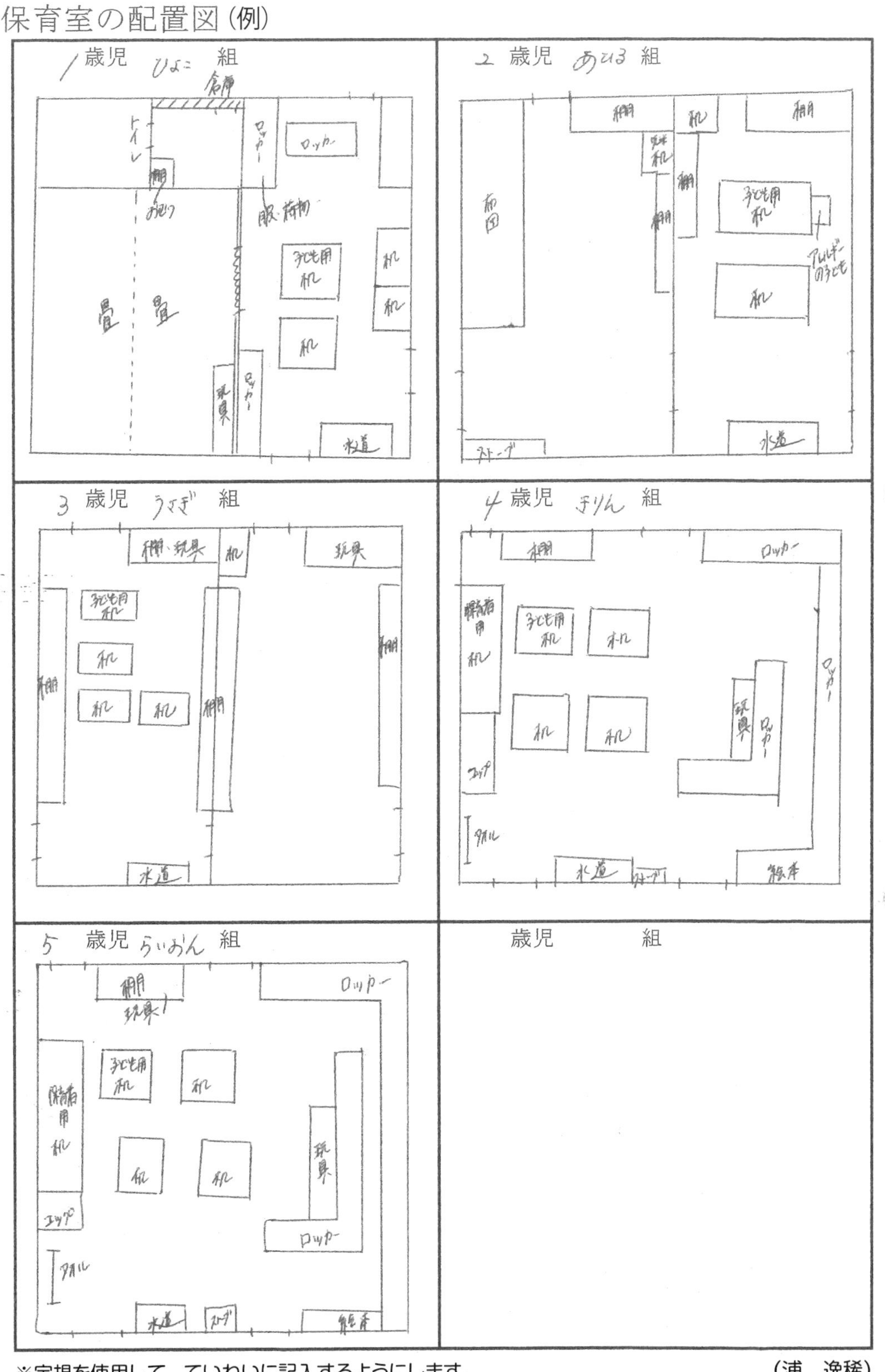

※定規を使用して、ていねいに記入するようにします。（浦　逸稀）

行　事　予　定

※主な年間行事予定

月	日	行事	行事	月	日	行事	行事
4	日	入園式	誕生会	10	日	運動会	お弁当の日
	日	避難訓練	クラス懇談会		日	避難訓練	誕生会
月	日	お弁当の日	たけのこ堀り	月	日	お月見団子づくり	いも堀り
5	日	避難訓練	いちご狩り	11	日	誕生会	お弁当の日
	日	誕生会			日	やきいも会	保育参観及び懇談会
月	日	お弁当の日		月	日	避難訓練	年長観劇
6	日	プール開き		12	日	避難訓練	お弁当の日
	日	避難訓練			日	誕生会	
月	日	誕生会		月	日	おたのしみ会	
7	日	避難訓練	きりん組おたのしみ会	1	日	避難訓練	みんなであそぼう会
	日	夕涼み会			日	誕生会	森は生きている(4.5歳)
月	日	誕生会		月	日	クッキーづくり	
8	日	誕生会		2	日	節分	クラス懇談会
	日	避難訓練			日	避難訓練	卒園遠足(きりん組)
月	日			月	日	誕生会	
9	日	避難訓練	プール納め	3	日	ひなまつり	おわかれ会
	日	誕生会	園外保育(3~5歳)		日	避難訓練	卒園式
月	日	お弁当の日	荒馬	月	日	誕生会	お好み焼き(5歳)

※実習期間中の行事予定

日	行事	日	行事	日	行事
10/20	誕生会	29	いも堀り		
21	栄養教育				
23	交通安全教室				
24	金曜グループリズム				
25	バザー				
27	スイートポテト 運動会				

（筋野智恵）

オリエンテーションの記録（例）

実習生氏名	古川　裕希
オリエンテーション実施日	○○　年　8　月　3　日　15：00　～　16：00
実習予定と実習内容	8月26日 → つくし組（0歳児） 27,28日 → たんぽぽ組（1歳児） 29日 → 合同保育 31日 → すみれ組（2歳児） 9月1日 → うめ組（4歳児） 2日 → うめ組 3日 → うめ組，部分実習 4日 → さくら組（5歳児） 9月5日 → 合同保育 7日 → もも組（3歳児）
出退勤	・普通保育勤務は 8:00～17:00
事前準備	・持ち物の用意 ・部分実習指導案は実習初日に提出できるように準備しておく。
持ち物	昼食，マグカップ，着替え（運動シャツ・ズボン），エプロン，三角布，名札，帽子，運動靴，水着，タオル，水筒
実習中の留意点	・園児に対して，公平と安全に十分配慮する。 ・基本的生活習慣のしつけは随時行う。 ・言葉遣いに気をつける。 ・指導案，日誌は期日を守って提出する。 ・勤務中のマスクは原則禁止。 ・個人情報の取り扱いには十分気をつける。
その他	

オリエンテーションの内容

〈注意事項〉

・子どもを傷つけたりしてはいけないので、ネックレス、イヤリング、指輪等は、身につけないこと。
・貴重品は、持って来ないこと。
・通勤は、徒歩か、自転車にすること。
・具合いが悪い時など、すぐ知らせること。(お休みする時は、電話で連絡)
・保護者や子どもに会った時は、自分の方から挨拶をする。
・子どもたちには、ひとり、ひとりにやさしく、ていねいに接する。(集団になっても、忘れないこと。)
・言葉は、子どもたちが、わかるように、ゆっくりと話す。
・廊下や園庭では、全力で走らないこと。
・ひとりの子だけでなく、クラス全体の子に目を向けること。
・わからない事や、疑問に思った事があったら、何でも質問すること。
・実習日誌は、次の日の朝に、事務室の机の上に置いておくこと。
・名札は、安全ピンでとめるもので良い。
・服装は、動きやすい服装にすること。(その日に着たものは、洗濯すること。)
・着替えは、汚れた時に準備しておくこと。
・ポケットティッシュ、ハンカチは、エプロンの中に入れておくこと。
・給食代は、最終日に、必要な分を計算して、封筒に入れて提出すること。
・保護者が子どもを迎えに来た時などは、必ず、保育士の先生を呼ぶこと。

(小高愛弓)

○○○○短期大学	実習生氏名	石森 舞	
第2日目 ○年○月○日(○曜日) 天気 雨のち晴れ	組・人数	(0歳児) ひよこ 組	男 3名・女 2名 計 5名
		欠席 0名 ( )	

今日の目標	一人ひとりへの保育の配慮を学ぶ

時	分	子どもの活動(生活の流れ)	保育者の動き・保育の配慮	実習生の動き	環境・準備他
		(順次登園) ◦登園してきた子から、出ているおもちゃで遊ぶ。	◦登園してきた子に挨拶。保護者の方と連絡を取り合う。 子どもの様子をみる(視診を含む)		◦保育室に入る前は、手洗い、消毒。
8	00			(実習開始) ◦子どもと一緒にレジスターを使い、お店屋さんごっこをして遊ぶ。	
8	20	◦それぞれのお部屋に戻り遊ぶ。 音の出るもの、ゆれるおもちゃなどで遊ぶ。	◦先生方が全員集まってミーティング(その日の予定など)	◦おもちゃを拭く。(消毒) 終わったら子どもと遊ぶ。	◦おもちゃ、ベビーベッドの柵などを拭く。
9	10	◦眠くなってしまった子は午前寝をする。	◦トントンをしたり、子守り唄を歌ったり、落ちついた環境をつくる。寝返りのできない子をうつぶせに寝かせる時は目を離さない。寝たいのに寝られない子には場所をかえ、気分転換。おむつが濡れている可能性もあるので十分に配慮する。	◦起きている子と一緒に遊ぶ。ボールをポーンと高く上げると喜んで上を見る。ガラガラを転がしてみると追視する。	◦カーテンを閉め、電気を消す。オルゴールを鳴らす。
10	30	◦起床。 おむつを替える。替え終わったらおもちゃで遊ぶ。(ボール、ガラガラなど)	◦「おはよう!」と声をかけ、気持ちよく目覚められるようにする。一人ひとり、おむつが濡れていないかチェックする。	◦おむつ替えを手伝う。「おむつ替えようね」「あーすっきりしたね」「えらいなあ」など声をかける。	◦カーテンをあけ、電気をつける。 ◦おむつ替の時はマットをしく。
11	00	◦給食。 イスに座り、モグモグしながら食べる。(離乳食初〜中期) 食べ終わった子から、離乳食では摂りきれない栄養を補うために、ミルクを飲む。 ◦午睡前におむつを替える。	◦♪トントントン 頭だよー♪を歌って、手をよく拭き、いただきます。一人ひとり食べる速度や食べ方が違うので配慮する。 ◦様子を見て、ミルクをつくる。 ◦しっかり食べられた子には「わあーえらいな!」と大きく誉めてあげる。 ◦おむつのチェックをする。 布おむつを使っている子は、午睡前は布を厚めにしておく。	◦食べる様子、食べさせ方などを見させて頂く。 ◦ミルクをあげる。 ◦調乳を教わる。 ①哺乳びんを軽く水洗い。 ②ポットからお湯(60〜70℃)を40cc入れる。 ③粉ミルクを決められた量入れる。 ④よく溶いて、お湯を規定の量まで入れる。 ⑤人肌くらいまで冷まして、軽くキャップを閉め、できあがり。	◦シート、イス、テーブル、エプロン。 ◦イスを設置する際、隣の子のイスに手が届かないかを見る。
12	00	◦午睡 それぞれ眠くなる時間が違うので眠くなったら布団へ。	◦眠たそうな子にはトントンしたり子守り唄をうたう。	◦哺乳びんを洗う。 ◦トントンをする。	

※実習日誌として標準的なスタイルの実例です。

○○○○短期大学　後期実習日誌			実習生氏名	丸山 さちこ
第 1 日目 ○年 ○月 ○日（ ○ 曜日）天気			組・人数	（ 0・1 歳児） 男 5 名・女 5 名 つくし 組 計 10 名 欠席 名（ ）
今月の目標	一緒に遊ぶことで子ども一人ひとりの名前を覚え、年齢に合った関わりをする。			

時 分	環境・準備	子どもの活動（生活の流れ）	保育者・実習生の動き	保育の配慮
			◎：保育者　○：実習生	
8 20	※保育室の見取図を記入しましょう。	○クラスへ移動 ・早朝合同保育の部屋からそれぞれのクラスへ移動する。 ・つくし組のAちゃんは一緒に遊んでくれていた年長組のEちゃんに名残惜しそうにバイバイしている。	◎早朝保育全体の子どもに声をかけて、クラスへの移動を促す。 ○つくし組のAちゃんを抱いて、年長組のEちゃんに「バイバイ、また遊んでね。」と声をかける。 ◎早朝保育当番の先生は、クラス担任の先生へ引き継ぎをする。	・年長児は整列してすぐに移動体制になり、つくし組のAちゃんが名残惜しそうにしている姿が見られた。Eちゃんへの思いを受け止め関わった。
8 30		○順次登園 ○視診 ○自由遊び ・登園してきた子どもは、先生に抱いてもらった後、ぬいぐるみやガラガラ、積木などのおもちゃ遊びに加わる。 ・Aちゃんは実習生から降りて新幹線のおもちゃで遊び始める。 ・B君は母親と離れるのを嫌がり、大泣きをしていた。先生におんぶをしてもらい、玄関まで母親を見送りに行く。 ・Cちゃんは、先生の姿を見つけて抱きつく。実習生の姿を見つけ、嫌な表情をする。	◎○登園してきた子どもたちに「おはよう」の挨拶をしながら一人ずつ受け入れる。 ◎○健康視診をする。 ◎連絡帳を見ながら保護者と引き継ぎ（睡眠時間・ミルクの量・食事等）をする。 ○おもちゃ箱からガラガラやぬいぐるみ、積木などのおもちゃを出し、「Aちゃん遊ぼう。」と声掛けをしながら降ろす。 ○木製新幹線を繋げる手伝いをする。その際、手を添える程度にし、なるべくAちゃんが自分で繋ぎ動かすように補助する。 ◎大泣きのB君をおんぶし、母親を見送りに行き、もう1回抱いてもらい、握手でバイバイをする。 ○Cちゃんは人見知りの時期なので、なるべく目を合わせないようにした。	・朝の子どもの様子を詳しく引き継ぎすることは、0・1歳の子どもにとって大切であると感じた。 ★顔色（赤い・白い）、機嫌（良し・悪し）、目（うるんでいる・目やに）、鼻水、皮膚の色（カサカサ）、外傷の有無（虐待・転ぶ） ・B君が母親と別れる時に泣いた場面では、B君が4カ月児であるため、先生がおんぶして気持ちの安定を図った。B君の気持ちを考えて、ていねいな関わりをすることが大事であると感じた。

9	20		○排泄・おむつ交換 ・Aちゃんはおむつを外してもらい、濡れていなかったのでオマルに座って排尿した。オマルでできたことを先生に褒められ、嬉しそうに笑顔で実習生を見る。 ・B君は嫌がらずにオムツ交換を受ける。 ・Cちゃんは、一人でパンツを脱げたことで褒められることを期待する。	○Aちゃんは、オムツを外した時、濡れていなかったため「オマルでおしっこしようね。」と声をかけ、一緒にオマルのある場所までついていき、排尿の援助をした。出たことを確認し、「大成功！さっぱりしました。」と褒めた。 ○B君とアイコンタクトを取りながら「さっぱりしたね。」と話しかけてオムツ交換をする。 ◎Cちゃんは、一人でパンツを脱ごうとするが、お尻のところでひっかかったため、さりげなく補助し「自分で脱げたね」と声かけをする。	・Aちゃんがオムツを濡らさず、オマルで排尿できたことは、本人が笑顔で「・た」「出たね」と会話した時、自信が持てたように感じた。嬉しそうな表情が印象的だった。 ・B君がニコニコしてオムツ交換を受け、スムーズにできたので嬉しかった。 ・先生がさりげなくパンツを脱ぐことを補助して、Cちゃんが一人でできたように自信を持たせる声かけをしていたことが大切な関わりであると感じた。 ★家庭連絡ノートに記述をし、家庭と連携しながら排泄の自立を図ることが大切。
9	40		○「いないいないばあで遊ぼう」	〈別紙指導案記載〉	(※P.97～掲載)
10	00	※テーブルの配置を記入するようにします。 (※P.102参考)	○手洗い・おやつ ・テーブルについて、各自のおしぼりで手を拭いてもらい、エプロンをつけてもらう。 ・牛乳（B君は麦茶）・イチゴ・乳児用煎餅が配膳されるまで手遊びをしながら待つ。 ・「みんなでいただきます」の挨拶でおやつを食べる。 ・食べ終えたら、順次口を拭いてもらい「ごちそうさまでした」と先生と一緒に言う。	○手洗い消毒を十分にしてから、食事用テーブルを出して拭き、消毒する。 ◎おやつ用エプロンを個人別にかけ、おしぼりを配る。 ○手遊び「のねずみ」をする。 ◎○「ご一緒に、みんなでいただきます」の挨拶をする。 ◎B君はイチゴをつぶして介助して食べさせる。 ◎○食べ終えた子どもから順次口を拭き、「ごちそうさま」の挨拶をするように促す。	・子どもたちは、のねずみの手遊びを一生懸命真似る姿があった。特に「チュチュチュ…」の繰り返しの部分が気に入った様子だった。笑顔でたどたどしく手を合わせている姿が印象的だった。
10	20		○片付け	◎○片付けをする。	

時　分	環境・準備	子どもの活動（生活の流れ）	保育者・実習生の動き	保育の配慮
		○砂場遊び ・寒くないように上着を着せてもらい、靴を履かせてもらう。（なるべく自分でする。） ・砂場のカップやお皿に砂を入れて、友だちや先生とやり取りをして遊ぶ。	◎○寒くないように子どもに上着を着せ、靴を履かせる。できるところまでは自分でするように促し、できないところは補助する。 ◎○砂場のおもちゃ（カップやシャベル）を使って見立て遊びをし、作った物のやり取りで会話をしながら楽しめるように配慮する。	・歩ける子どもは、コートを自分で持ってきて、先生や実習生に着せてもらっていた。個々の子どもの発達が違うので、どこまで手伝って良いのか迷ってしまった。

※環境・準備もくわしく記入できるとよいでしょう。

<table>
<tr><td colspan="2">（　主活動　）実習指導計画案</td><td>指導者氏名</td><td colspan="2">㊞</td></tr>
<tr><td colspan="2">○年　○月　○日（○曜日）天気</td><td>実習生氏名</td><td colspan="2">丸山　さちこ　㊞</td></tr>
<tr><td rowspan="2">前日までの子どもの姿</td><td rowspan="2">・最近、視線がしっかりと合うようになり、保育士がかかわることを喜ぶようになった。
・「いないいないばあ」遊びに興味を持つ子どもがいる（視覚・聴覚の発達）。</td><td>組・人数</td><td>（0.1歳児）
つくし組</td><td>男5名・女5名
計10名</td></tr>
<tr><td>準備するもの</td><td colspan="2">『いないいないばあ』の絵本（0.1歳児向きの絵本を1冊），大判のハンカチ1～2枚，ペープサート（うさぎ・くま・ねこ）</td></tr>
<tr><td>主活動</td><td>①「いないいないばあ」遊びをすることを喜び、真似て遊ぶ。
②ペープサートで「いないいないばあ」遊びをしたり、「いないいないばあ」の絵本を見る。</td><td>ねらい</td><td colspan="2">養護：いないいないばあを楽しみ愛されていることを実感する。
教育：①「いないいない遊びをするといなくなった顔が再び出てくることを予測し、同じ遊びを楽しむ。②動物の違いに気付く。</td></tr>
</table>

時分	環境・準備	子どもの活動（生活の流れ）	保育者の援助・保育の配慮
9:20	○：子ども　●：実習生 ・おむつ替えシート，お尻ナップ，おむつを準備する。	○排泄・おむつ交換 ・おむつ交換をしてもらう。 ・椅子に座り、次の活動を待つ。	・おむつ交換をしながら「気持ち良くなったね」と笑顔で声をかける。 ・おむつ交換ができた子どもから椅子に座わって待つようにする。
9:30	ピアノ	○挨拶 ・実習生の挨拶に応え「おはよう」と言う。	・立ち位置と子どもの座る位置を確認する。 ・「みなさん、おはようございます。」と明るい声で言い、子どもの返事を待つ。 ・「今日はこれから、いないいないばあ遊びをします。」と話す。
	〈ペープサート〉	○ペープサート ・うさぎのぴょんちゃんが登場すると喜ぶ。 ・うさぎを真似て手で顔を覆い、いないいないばあをする。 ・繰り返して楽しむ。 ・くまも登場して喜ぶ。	・ペープサートのうさぎを登場させる。 ・「あれ？うさぎさんが出てきましたよ。」と言う。 ・うさぎ：「みなさん、おはよう!うさぎのぴょんちゃんです。よろしくね。いないいないばあ遊びをするので一緒にしてね。」とうさぎ中心で話す。 ・子どもの様子を見て「もう1回する？」と声をかけ、「いないいない、ばあ」と2～3回程繰り返し、楽しむ。 ・くま：「みんな、おもしろそうだね。僕も仲間に入れて。いないいない、ばあ。」とペープサートを素早く裏返し、変化をおもしろくする。 ・「Aちゃん、ほら、いないいないばあ。」「あっ、見えた」等とひとりひとりに言葉をかけ、親しみを持つようにする。

時	分	環境・準備	子どもの活動（生活の流れ）	保育者の援助・保育の配慮
			〇ハンカチ ・実習生がハンカチを使用して「いないいないばあ」をするのを喜ぶ。 ・順番にするが、顔が隠れると不安になる子どもには、実習生が無理にしないので、安心してできる。 〇絵本「いないいないばあ」 ・絵本を見る。	・「それでは、今度はハンカチに隠れていないいないばあをしてみましょう。先生がしてみます。」とハンカチを頭から被って「いないいない」をし、「ばあ」と共にハンカチを除けて顔を出す。 ・順番にハンカチを渡して「いないいないばあ」をする。全員1人ずつ順番に行う。 ・顔が隠れることを不安がる子どもには時間を短くし、一瞬で終わるように配慮する。 ・ハンカチを顔にかけたがる子どもには、さっと顔にかけて取り、不安感を与えない。 ・「次に絵本を読みます。」と絵本に集中できるように、ペープサートはしまう。 ・年齢に合わせて、間の取り方を工夫する。 ・絵本の読み聞かせをする。
10	00		〇片付け ・終わりであることに気付く。	・「これで、いないいないばあの絵本は終わりです。うさぎのぴょんちゃんやねこちゃんにもさようならをしましょう。バイバイ。」と話す。 ・「絵本もしまいましょう。」と、一緒に絵本を所定の場所に片付ける。 ・「それでは、次はおやつにしましょう。」と次への行動を示す。

※この指導案は、P.95の＜別紙指導案記載＞の部分です。
“細案”ともいいます。

保育の記録①（第 1 日目）

年 9 月 3 日（月） 天候 雨のち晴	実習生氏名	正木 美桜				
	組・年齢	ひよこ 組（0 歳児）	在籍人数	男児 4 名 女児 1 名 計 5 名	欠席人数	男児 名 女児 1 名 計 1 名
本日の目標	・0才児の生活の流れを知る。 ・保育者の役割を理解する。					

時間	環境構成	子どもの活動	保育者の活動や配慮事項	実習生の動き
8:45	○自由あそび （おもちゃ／机／マット／入口）	・マットの上でブロックを積み重ねて遊ぶ。 ・積み重なったブロックが倒れた瞬間、「あっ！」と驚いた表情をする。 ・保育者が「どうぞ」と渡すのに対し、笑顔で受け取る。	・あだ名や呼び捨てで名前を呼ばず、○○くん○○ちゃん、と呼ぶ。 ・上手に受け取れたら褒め言葉をかける。	・初めて会う子どもたちに対し、一人一人目を合わせながら「初めまして」と笑顔で声をかける。 ・渡す相手の名前を呼びながら優しく渡す。
9:00	○おやつ ・ビスケット ・牛乳・お茶 （おもちゃ／机／マット／入口）	・手を洗って椅子に座り、エプロンを着けてもらう。 ・手あそびを楽しむ。そのあとに朝のうた、おやつのうたをうたう。 ・「おててパチン！」という保育者の声かけで手を合わせ、いただきますをする。 ・美味しそうにビスケットを食べる。 ・自分の口をタオルで拭いてもらい、保育者と一緒にごちそうさまでしたをする。	・一人一人の表情を伺いながら、乳児のペースに合わせて行う。 ・子どもの気持ちに共感するように、「おいしいね」と声をかける。	・エプロンを着ける援助をする。 ・子どもたちと一緒に「いただきます」と言う。 ・無理して食べさせたりせず、一人一人に合った対応をする。
9:20	○おむつ交換	・おむつを替えてもらう。替えてもらった子は気持ち良さそうな表情をし、保育者や実習生を見る。 ・交換した子から、音の鳴るペットボトルで遊ぶ。	・おやつのあと、おむつを触りおしっこがでているか判断する。においや行動（ふんばったり）を見て便が出たか判断する。	・「おむつ交換しようね」と優しく声をかけながら、なるべく速く交換する。
9:30	○防災訓練	・普段聞き入れないような放送を聞き、真剣な顔をする。 ・マットの上に集まり、黄色の帽子と上履きを身に付ける。	・少しでも安心できるようにうたをうたいながら子どもたちの身を守る。	・窓を開けてカーテンを閉める。 ・一緒にうたをうたう。
9:45	○自由あそび ・スポンジになっている ・黄色・ピンク ・40cmくらい（高さ）	・ハイハイお山で楽しく遊ぶ。 ・A君が保育者と電車ごっこを楽しむ姿を見て、Bちゃんと Cちゃんが興味深々に電車の方へ行く。 ・お山では、階段を上がったり下がったりして楽しく遊ぶ。 ・保育者が新しく出したバスタオルに興味を持つ。	・一人で降りるのが怖いのかな、と感じられる子には、なるべく自分の力で降りてもらい、大事なところを補助する。 ・自分の力でできた！という感情を持てるように配慮する。	・お山の横に座り、落ちた時の補助を意識しながら乳児に手を貸す。 ・少しでもできたら沢山褒める。

（氏名　正木美桜　）

時間	環境構成	子どもの活動	保育者の活動や配慮事項	実習生の動き
		・座ったり、寝転んだりしながら、保育者に引いてもらい楽しむ。 ・「もう1回！」と笑顔で言う。 ・タオルの両端を持ってもらい、その中に入って揺れる。	・速いスピードで引くと倒れてしまう可能性が高いので、ゆっくり行う。 ・バランスがあまりない子には、寝てもらい安全を配慮する。	・「楽しいね」と子どもの気持ちに寄り添いながら言う。
10:55	○おむつ交換	・保育者におむつを交換してもらう。		・「おむつぬぎぬぎしようね」「すっきりしたね」と優しく声をかける。
11:10	○昼食	・手を洗い、椅子に座って絵本を見る。 ・保育者のまねをしながら手あそびを行う。 ・ごはんのうたをうたい、いただきますをする。 ・保育者に手伝ってもらいながら、美味しそうに食べる。 ・スプーンを上手く使って、食べ物を口へ持っていく。	・手を洗う援助をする。 ・子どもたちに分かりやすいようにゆっくり行う。 ・口の中がいっぱいにならないよう配慮する。 ・食べない物があったら、まず好きな食べ物を見せたり、食べさせてから「これも食べる？」と言って工夫する。	・机、椅子を用意する。それぞれ雑巾で拭く。 ・「美味しいね」「あーん」と言いながら一緒に食事を楽しむ。 ・食べ終わった子の椅子をすみやかに片付ける。
12:10	○午睡 おもちゃ　机	・絵本を見たあと、自分の布団へ行く。 ・眠そうな表情で横になる。 ・保育者がトントンするのに対し安心した表情で眠る。	・トントンをする。 子守りうたをうたう。	・落ち着いて眠れるように見守りながらトントンする。
15:00	○起床 ○おむつ交換	・保育者の「おはよう」という声かけに対して反応するように起きる。 ・起きた子から着替え、おむつを交換してもらう。	・「Aちゃんおはよう」と優しく声をかけながら一人一人の表情を見る。	・カーテンを開け、窓を開けて空気の入れ替えをする。 ・気持ちの良い起床ができるように優しく声をかける。
15:20	○おやつ	・手を洗い、椅子に座る。 ・手あそびをして楽しむ。 ・おやつのうたをうたい、いただきますをする。	・点呼しながら、午睡後の乳児の顔を見て、健康状態を把握する。 ・午前中、下痢をした子にはおかわりをさせないようにする。	・手洗いの援助をする。 ・おしぼりを机の上に置く。 ・手あそびは、子どもたちが分かりやすいように大きく行う。
15:45	○外あそび （園庭を散歩）	・帽子をかぶり、散歩用カートに乗って散歩へ行く。		・子どもたちが散歩中、床はき、壁拭き、掃除機をかける。
16:00	○室内あそび ○おむつ交換	・絵本を見たり、ふれたりしながら楽しむ。 ・おしっこがでている子はおむつを交換する。	・お迎えが近い子優先でおむつを交換する。	・視覚的な絵本より、めくったりできる絵本の方がより楽しめるので、めくれる絵本を使って「これ何だろうね？」と声をかけながら読む。
16:30	○順次降園 ・時間外保育	・ひよこ組からあひる組（1才児）へ移動する。 ・1才児と混ざって共におままごとをしたりして楽しむ。 （実習終了）	・人数を数える。 ・走ったり、活発的な動きをする1才児に配慮しながら対応する。	・周囲をよく確認し、危険がないか見る。

※一日の流れがよくわかります。

保育の記録①（第　1　日目）

◯年　9月3日（月）	実習生氏名	浦　逸稀				
天候　雨のち曇り	組・年齢	ひよこ　組（1歳児）	在籍人数	男児　6名 女児　7名 計　13名	欠席人数	男児　0名 女児　0名 計　0名

本日の目標	・保育の一日の流れを理解する ・1歳児クラスの子どもに対しての保育者の行動を知る。

時間	環境構成	子どもの活動	保育者の活動や配慮事項	実習生の動き
8:15	出入口／出入口／保育者用の机／棚ロッカー／タオルかけ／絵本／出入口	○登園 ○朝保育 ・自由遊び（3・4・5歳合同） ・登園してきた子どもは、タオルとコップ、かばんを自分のマークのついた棚へ置きに行く。	・保護者と子どもの朝の様子について話しながら子どもたちに「おはよう」の挨拶をし、一人ずつ受け入れる。	・各クラスの保育者の動きを見ながら、子どもたちと挨拶をする。
8:30		○ラジオ体操 ・園内にラジオ体操の曲が流れ、子どもたち同士で「もう片付けだよ」と声をかけ合い、片付け始める。	・各クラスの保育者と挨拶をしながら、情報交換を行う。	・子どもたちと一緒に片付けを行い、ラジオ体操を行う。
8:40		○朝礼 ・担当保育士と絵本を読み、一人一人名前を呼ばれると元気よく「はい」と返事をする。	・事務室に集まり、一日のスケジュールや伝達事項を保育園職員で伝え合う。	・園職員へ実習生の名前と担当クラスについて伝える。
8:50	出入口／トイレ／棚／棚／机／机／水道／出入口／棚ロッカー	○一歳児クラス　自由遊び ・車のおもちゃ・ままごと・絵本で遊ぶ。 ・他の子どものおもちゃを取るなど子ども同士のトラブルが多く見られる。	・排泄を一人ずつ行う。 ・他の子どもを泣かせてしまった子どもに対して、まず2人を離し、手を出してしまった子どもへ「Aくん痛い痛いだよ？」といけない事を伝える。	・衣服の着脱を少し補助を行うと、一人で最後まで頑張ることが出来る。
9:00	（視診）おもちゃを持たせながら、膝に乗せる。	○視診 ・遊びを行う中で、保育者の膝に座り、頭や耳、歯、爪を視診してもらう。	・遊びに参加しながら子どもの頭、耳、歯、爪など視診を素早く行っていく。	・体温が高い子どもを体温計で計測する。汗をかいていないか確認する。

（氏名　浦　逸稀　）

時間	環境構成	子どもの活動	保育者の活動や配慮事項	実習生の動き
9:30	机 机 除去食机 除去食机 ○子ども △保育者	○おやつ ・列車になり、一人ずつ手を洗う。 ・自分のハンドタオルで手を拭き、自分の名前とマークがついた席に座る。 ・梨ゼリーを保育者が補助しながら、スプーンを使って食べる。	・「ピンクの列車に乗ってね」と床につけられたピンクのテープを指さして声かけを行う。 ・子ども自身で食べられるように少しだけ補助する。	・エプロンが付けられない子どもにエプロンを付け、前を向いて座るように声かけをする。 ・「もぐもぐごっくん」と子どもに伝わるように声をかける。
9:50 10:30	・巧技台遊び トイレ　ロッカー ブロック　車線路 巧技台 ・巧技台設置図 1段　2段 ・小麦粉粘土 へび　ボール パラパラ　パン	○設定保育 （ブロック遊び／巧技台遊び） ・3・4人ずつに分かれ、巧技台をジャンプ、登る、滑るなど全身を使って遊ぶ。 ・ジャンプの際、片足ジャンプの子どもと両足ジャンプの子どもが見られる。 ○小麦粉粘土 ・小麦粉粘土をつくる様子を興味津々に見ている。 ・小麦粉の匂いを嗅いで、不思議そうにしている様子。 ・固くなった小麦粉粘土で好きな形に変形させて変化を楽しんでいる様子。	・巧技台が終わった子どもを一人ずつ隣の保育室へ誘導し、一人一人の安全面に注意して保育を行う。 ・実際に粉を一人ずつ見せ、匂いを嗅いで見せている。 ・立ち上がって見ようとする子どもに「危ないよ」と注意する。	・巧技台の順番待ちの間、子どもたちに「まっててね」と声かけをしながら一緒にブロックで遊ぶ。 ・子どもたちと一緒にへびや、パン、ボール、パラパラなどたくさん形を作っていく。 ・子どもが自由に作る様子を見守る。
11:00		○給食 ・手を洗った子どもから席に座り、エプロンを付ける。 ・机にごはんをこぼしてしまうが、一人で上手に食べることが出来る。	・台ふきで机を拭く。アレルギーの子ども専用の机は専用ふきんで拭くよう注意している。	・よく噛まず、飲み込む子どもや手で食べる子どもに対して援助しながら一緒に食べ進める。
12:00 15:00 15:30	机 布団	○午睡 ・自分の布団を探して横になり、保育者の援助で眠りにつく。 ○目覚め・おやつ ・目覚めた子から排泄をし、手を洗うと、席に座りおやつを食べる。 ○自由遊び・順次降園	・タイマーで5分間隔、呼吸や様子を確認する。 ・日誌、連絡帳を書く。 ・台ふきで机を拭く。 ・排泄を行うよう援助。 ・お迎えが来るまで一緒に遊び、見守る。	・一人一人寝るタイミングが異なる為、個々に合う寝かしつけを行う。 ・保育者の事務作業の手伝いと、保育室の掃除を行う。

※環境図が大変わかりやすく記入されています。

第8日	9月 11日（火）	天気 晴れ 雨	ひよこ 組	出席数	男 9 名 女 3 名	計 12名

ねらい	
	1歳児の心の動きや表現に注目しながら援助方法を学ぶ。
	1歳児の行動を見ながら保育の守り方やポイントについて知る。

時間	保育内容	乳幼児のうごき	保育者および実習生のうごき
8:00	○順次登園 ○朝保育 ・排泄、自由遊び	・保護者と一緒に登園する。保護者に「ばいばい」と言って出してある玩具で遊ぶ。 ・Aくんはまだお母さんにだっこしてもらいたかった様子で保護者がAくんから離れると泣き出してしまう。	〈◎保育者 ○実習生〉 ◎保護者に代わって子どもをだっこして、一人ずつ受け入れていく。 ○保護者から「先生おねがいします。」と保護者に代わって子どもをだっこする。
8:40	○朝の引き継ぎ ・2歳児は移動 ・絵本、手遊び	・あひる組の子どもたちはあひる組へ戻る。ひよこ組はあひる組にばいばいと手を振って見送っている。 ・「背中ペッタン」と保育者に声かけをされると、棚の方へ向かって行き背中をくっつけて保育者の方へ体を向けることが出来ている。 ・「グーチョキパーでグーチョキパーで何つくろー」と手遊びを歌いながら実習生に対して両手グーにして「アンパンマン」と教えてくれる。	○あひる組の子どもたちに「ばいばーい」と手を振っているとひよこ組の子も一緒に手を振っている。 ◎子どもへ絵本の読み聞かせと手遊びを行って聴く姿勢をつくっている。 ○子どもが走り回らないように見守りながら一緒に絵本を開いたり手遊びを行う。 ◎走ったり立っている子どもに対して「Aちゃん座ろうね」と言ったり、絵本を指差して、「あれなーに？」など集中するよう声かけする。
	・エプロンシアター	・ポケットから動物が隠れているので「出ておいでー」と声かけをしてくれる子どもと、興味津々に見つづける子どもなど反応は様々。 ・Bくんは「ぶたさん」「くまさん」など一回一回声に出して反応している。とても楽しそうに話を聞いてくれている。その後“こぶたぬきつねこの歌”を歌ってみんなで楽しむ。歌が終わるとエプロンの人形にタッチして「ばいばい」と手を振ってから、手を洗いに行く。 ・子どもたちは「優しくね」という保育者の声かけもあり、動物に優しく触れた後、嫌がらず、自然と手洗いへ向かう。 ・「猫さんばいばい」としっかり興味を持ってくれている様子。	◎「サイダー」の手遊びを行ってから子どもたちの気を引きやすい環境をつくっている。 ○エプロンシアターに入りやすい環境で始めることが出来、ポケットから動物が出てくる所からエプロンシアターを始める。個々に反応が違う為、ゆっくりと反応を楽しみながらストーリーを展開することが出来る。子どもの反応や目線に合わせてエプロンの高さも少しずつ変化している。 ◎エプロンシアターが全て終了すると、「1回動物さんにさわらせてもらう？優しくね」と子どもへ声かけをする。子どもの興味を大切に、「さわりたい」気持ちを読み取って声かけをしている。
9:30	○おやつ （梨ゼリー）	・おやつのゼリーをスプーンで上手に食べているが、食べにくい所のゼリーは手で食べ、スプーンを使って食べる事を頑張っている。 ・ゼリーが無くなると空になった容器を見せて食べた事を教えてくれる。 ・手を合わせて「ごちそうさまでした」と言ってから保育室（畳）を移動する。自分で机へ椅子を閉まってから行くことが出来る。	◎子どもに対して「もぐもぐ、おいしいね」と声かけをしながら援助をしている。 ○食べている子どもに対して「上手上手」と声かけをしながらスプーンを使って食べることを褒めながら見守り援助する。 ○服を脱がせる援助を行う。 ◎服に付いているゼリーなど食べ残りを取りながら服を脱がせると、排泄へと向かわせる。

※１歳児クラスでの活動を、詳しく記入しています。　　（浦　逸稀）

○○○○短期大学		実習生氏名	木下夏海	
第3日目	○年○月○日(○曜日) 天気晴れ	組・人数	(2歳児) ほし 組	男6名・女7名 計13名
			欠席1名( )	

今日の目標	子ども一人一人に合わせた援助を心がける。

時	分	子どもの活動(生活の流れ)	保育者の動き・保育の配慮	実習生の動き	環境・準備他 ―気付いた点―
8	25	○順次登所 ホールで自分の好きな遊びをする。	○朝のミーティング ・子どもと一緒に遊ぶ。	・朝のミーティングに参加する。 ・子どもと一緒に遊ぶ。	
9	00	○片付け ・遊んでいたものを片付ける。 ・帽子をかぶって外に出る。	○片付け ・「誰がお片付け上手かな?」など声をかけながら、子どもと一緒に片付けをする。 ・帽子をかぶって外に出るよう声をかける。	・子どもと一緒に片付けをする。 ★子どもたちに片付けをする意欲を起こさせるための配慮なのだと思いました。 ・帽子をかぶるよう声をかける。	
9	10	○体操 ・クラスごとに並ぶ。 ・保育士が描いた円の中で踊る。 ・終わったらクラスに戻る。 ・トイレに行く。 {パンツの子→普通のトイレへ おむつの子→おひさま組(1歳児)のトイレへ ・手を洗う。 ・自分の椅子を持って座る。 ○絵本 ・絵本『のりもの』を見る。	○体操 ・地面に円を描く。 ・曲に合わせて踊る。 ・クラスに戻るよう声をかける。 ・トイレに行くよう声をかけ、トイレに付き添う。 ★一人でできる子は見守る。おむつの子は少し脱がせると自分で脱げる。 ・椅子を持って座るよう声をかける。 ○絵本 ・絵本『のりもの』を読む。	★円を描くことで、子どもたちが自然と列になって踊れるのだと思いました。 ・曲に合わせて踊る。 ・クラスに戻るよう声をかける。 ・トイレに付き添う。 ・手を洗うのを手助けする。 ★一人でできない子は、手をとって「ごしごしするよ」と声をかけながら一緒に手を洗う。 ・絵本『のりもの』を見る。	・体操の曲を準備する。 ・おむつを準備する。 ・マット(おむつの着脱用)を敷く。 ・テーブルを出す。 ・絵本を準備する。
9	30	○おやつ ・名前を呼ばれたら「おはよう」と言う。 ・♪おやつのうたを歌う。 ・「いただきます」の挨拶をする。 ・おやつを食べる。(ウエハース・牛乳) ・食べ終わったらおしぼりで手と顔を拭く。 ・椅子を片付ける。 ・床のテープの中に座る。 ★床にチューリップ型のテープが貼ってある	○おやつ ・♪名前を呼ぶ歌を歌いながら子ども一人一人の名前を呼ぶ。 ・♪おやつのうたを歌う。 ・「いただきます」の挨拶をする。 ・子どもの様子を見守る。 ・自分で拭ききれなかった子の手と顔をきれいに拭く。 ・椅子を片付けるよう声をかける。	★先生が子ども一人一人の名前を呼んでくださったので、名前を覚えることができました。 ・「いただきます」の挨拶をする。 ・子どもの様子を見守る。 ・椅子を片付けるよう声をかける。	・おやつを準備する。 ・おやつを配る。 ・おしぼりを準備する。 ・おしぼりを回収する。 ・絵本を準備する。
10	00	○絵本 ・絵本『くまさんくまさんなにみてるの?』を見る。 ・帽子をかぶって外に出る。 ・保育士の言葉がけにより、早く外に出たがっている様子。	○絵本 ・絵本『くまさんくまさんなにみてるの?』を見る。 ・帽子をかぶって外に出るよう声をかける。 ★「どんな虫がいるかな?」と子どもが興味を持つような言葉がけをする。	・絵本『くまさんくまさんなにみてるの?』を読む。 ★絵を指さしながら「これなんだ?」と聞くと、「うま」「ねこ」などと子どもたちが答えてくれたので、とても読みやすかったです。	★絵本を読むとき、肝心の"子どもの目の高さで"ということを忘れていました。
10	20	○外遊び	○外遊び		

		・遊具 砂場などで遊ぶ。 ・ぶらんこ…順番を守って遊ぶ。 ・砂遊び…砂でお山をつくり、葉っぱを耳に見立て、目を描きうさぎをつくる。 ・ありを見つけて遊ぶ。 ・枯れ葉を手でこすり、パラパラと地面に落ちることを楽しむ。 ・バケツの水で足を洗う。 ・トイレに行く。 ・手を洗う。 ・自分の椅子を持ってきて座る。 ・エプロンをする。	・子どもを見守りながら一緒に遊ぶ。 ★ぶらんこから少し離れた所に線を引き、安全に順番待ちができるよう配慮する。 ・ありを怖がって見ている子にも「見てごらん。ありさんかわいいよ。」と声をかける。 ・バケツの水で子どもの足を洗う。 ・トイレに行くよう声をかける。 ・手を洗うよう声をかける。 ・椅子を持ってきて座るよう声をかける。	・子どもを見守りながら一緒に遊ぶ。 ★子どもたちがぶらんこの取り合いをしていたので、「順番こだよ。10数えたら交換するのでいいかな？」と乗っている子、待っている子の両方に聞きました。両方とも「いいよ」と言ってくれて、一緒に10数えてくれました。 ・足ふきタオルで子どもの足を拭く。 ・椅子を持ってきて座るよう声をかける。	★友達と一緒が嬉しいようで、1人が何かをやり始めると、何人も集まってきて、同じ遊びをしていました。 ・バケツに水を入れる。 ・足ふきタオルを準備する。 ・おむつを準備する。 ・テーブルを拭く。 ・給食を配る。 ・エプロンを準備する。 ・おしぼりを準備する。
11	30	○給食 ・♪「おべんとう」を歌う。 ・「いただきます」の挨拶をする。 ・給食を食べる。 ・食べ終わったらおしぼりで手と顔を拭く。 ・コップを片付ける。 ・椅子を片付ける。 ・トイレに行く。 ・パジャマに着替える。 ・着替えが終わった子から布団に入る。	○給食 ・♪「おべんとう」を歌う。 ・「いただきます」の挨拶をする。 ・一つのものに偏って食べないように声をかける。 ★フォークの持ち方が違っている子には持ち方を正している。 ・一人一人の子どもの皿に残ったものを集めて、「きれいに食べようね」と声をかけながら食べさせる。 ・椅子を片付けるよう声をかける。 ・トイレに行くよう声をかける。 ・着替えを手伝う。 ★一人でできる子は見守る。ボタンなど、子どもが自分でできないことを手助けする。	・♪「おべんとう」を歌う。 ・「いただきます」の挨拶をする。 ★子どもの苦手なものは少しずつ食べさせたり、他のものと一緒に食べさせるとよいことがわかりました。（パサパサの魚は、ごはんや野菜と一緒に食べさせるなど） ・一人一人の子どもの皿に残ったものを集めて、食べさせる。 ★食べるペースは子ども一人一人違っており、子どものペースに合わせて食べさせてあげることも必要なのだとわかりました。 ・着替えを手伝う。	・着替え用のゴザを敷く。 ・ゴザを敷き、その上に布団を敷く。 ・カーテンを閉める。
12	30	○午睡 ・布団に入って眠る。	○午睡 ・トントン、さするなどして子どもを寝かしつける。 ・子どもの様子を見ながら給食を食べる。	★なかなか寝つけない子は先生が抱っこをしていると、安心した様子で眠れていたように思いました。 ・子どもの様子を見ながら給食を食べる。	
13	00		○保護者と面談 （面談週間のため）	・ホールへ行き、子どもを寝かしつける。	
15	20	○起床 ・布団を押し入れの前まで持っていく。 ・トイレに行く。 ・手を洗う。 ・着替えをする。 ・椅子を持ってきて座る。 ・絵本を見る。	・布団をたたむ。 ・トイレに行くよう声をかけ、トイレに付き添う。 ・着替えを手伝う。 ・椅子を持ってきて座るよう声をかける。 ・絵本を読む。	・布団をたたむ。 ・トイレに付き添う。 ・着替えを手伝う。 ・絵本を見る。	・カーテンを開ける。 ・おむつを準備する。 ・テーブルを拭く。 ・おやつを準備する。 ・絵本を準備する。
15	40	○おやつ ・♪おやつのうたを歌う。 ・「いただきます」の挨拶をする。 ・おやつを食べる。（シュークリーム・ジュース）	○おやつ ・♪おやつのうたを歌う。 ・「いただきます」の挨拶をする。 ★おやつの味を楽しみおいしく食べられるよう、ジュースは後から渡す。	・「いただきます」の挨拶をする。	・おやつを配る。 ・おしぼりを準備する。

		・食べ終わったらおしぼりで手と顔を拭く。 ・おしぼりケースにおしぼりを入れる。	★ジュースのストローを少しだけ袋から出しておき、子どもが自分でストローを出せるようにする。	★子どもが自分でできることは自分でするということに結びつける配慮だと思いました。	
		・椅子を片付け、おしぼりケース・タオル・コップ・連絡帳をかばんに入れる。	・椅子を片付け、おしぼりケース・タオル・コップ・連絡帳をかばんに入れるよう声をかける。 ・おむつの入った袋・パジャマ袋をかばんに結びつける。	・おしぼりケース・タオル・コップ・連絡帳をかばんに入れるよう声をかける。	・連絡帳を並べておく。
		・靴とかばんを持ってホールに行く。	・ホールに行く。	・ホールに行く。	
16	20	○順次降所	・迎えに来た保護者と話をする。 ○保護者と面談 （面談週間のため）		
16	30	〈特例保育〉 ・クラスごとに並んで座る。 ・名前を呼ばれたら返事をする。 ・保育士の話を聞く。	・子どもと一緒に座る。 ・子どもの名前を呼ぶ。 ・おひさま組さん（1歳児）と仲良く遊ぶことはいいけれど、だっこは危ないのでしないようにということを子どもたちにわかるように説明する。	・子どもと一緒に座る。 ・保育士の話を聞く。	
		・紙芝居『フランケンシュタイン』を見る。	・紙芝居『フランケンシュタイン』を読む。	・紙芝居『フランケンシュタイン』を見る。	・紙芝居を準備する。
16	55	・お迎えが来るまで外で遊ぶ。	・子どもと一緒に遊ぶ。		
17	00			（実習終了）	

今日一日をふり返って（実習中に学んだこと、感じたこと、反省すること等を記入する）

今日、ほし組さんで実習させていただいて、子どもたちが言っていることをよく聞き、それに対して言葉を補うこと、悪いことは悪いと教えることが大切であると思いました。また、先生方と子どもたちのかかわりを見たり、自分でも子どもたちとかかわる中で、きちんと目を見て話せば言いたいことは伝わるのだとわかりました。今日は、子どもたち一人一人に合わせた援助を心がけましたが、まずは子ども一人一人をよく見て、よく知る必要があると思いました。子どもの言っていることが聞きとれないこともあるので、子どもの話によく耳を傾けて、子どもが何をしたいのか、何をしてほしいのか理解できるようになりたいと思います。絵本を読ませていただいたこと、とてもよい経験になりました。ありがとうございました。

指導者所見欄

※この日誌は、★印のところに気付いたこと（「気付き」）や学んだこと、特記事項を記述してある例です。

保育の記録②（第　5　日目）

年 8月 31日（月） 天候 雨	実習生氏名	古川　裕希				
	組・年齢	すみれ組（2歳児）	在籍人数	男児 10名 女児 10名 計 20名	欠席人数	男児 0名 女児 1名 計 1名
本日の目標	子ども一人ひとりに応じた援助や声かけの仕方を実践する。					

時間	環境構成	子どもの活動	保育者（実習生）の活動や配慮事項（保育者の動き）	（実習生の動き）
7:45	おもちゃ　マット ●：保育士 ○：子ども	◎1階で自由に遊ぶ。 ・自分の好きなおもちゃで遊ぶ。	・登園してきた子どもに挨拶をする。保護者の方と連絡を取り合う。	・登園してきた子どもに挨拶をする。
		・遊んでいたものを片付ける。	・子ども達に片付けを促す。	・片付けを促し、一緒に片付ける。
8:00		・手遊びの動きを真似し、歌いながら手遊びをする。 ・絵本を集中して見る。時々絵本を指差し、何がいるのかなど声に出して反応する子どもがいる。		・手遊び、絵本の読み聞かせをする。
8:30	窓 すみれ組	◎各クラスへ移動する。 ・お礼の挨拶をし、手すりを使いながら階段を上る。 ・クラスの前の廊下に座る。	・お礼の挨拶をする。 ・子ども達と一緒に階段を上る。クラスに着いたら一度廊下に座らせる。	・子ども達と一緒に階段を上る。
		・身仕度をする。手拭き、エプロン、タオル、手提げ、着替えを自分で片付ける。	・子どもの身仕度の援助をする。連絡帳を確認する。	・子どもの身仕度の援助をする。
		・身仕度が終わった子どもから、壁に背をつけ座る。 ・連絡帳にシールを貼ってから座る子どもがいる。	・身仕度が終わったら壁に背をつけて座り待つように促す。	・座って待つよう声をかける。
	机　机 遊ぶスペース	・車のおもちゃで遊びたいという子どもがいる。 ・自由に遊ぶ。 ・ブロックで遊園地、電車、道路などを作って遊ぶ。 ・ブロックを積み重ねて遊ぶ子どもがいる。 ・車を取り合う子どもがいる。	・ブロックを用意する。 ・車のおもちゃも用意する。 ・子ども達と一緒に遊ぶ。 ・おやつの用意をする。	・子ども達と一緒に遊ぶ。「何作る？」などと声かけをしながら行う。 ・「今○○ちゃんが使っていたから、違う車を一緒に探そうか。」と声をかける。
		・おもちゃ、ブロックを片づける。 ・なかなか片付けられない子どもがいる。 ・まだ遊びたかった子どもが泣いてしまう。	・片付けを促す。 ・「○○くん片付けてないよ～」と声かけをする。 ・「もう片付けの時間だよ。」と声かけをしながら抱っこをする。	・「この2つを任せても良い？」と声かけをしながら一緒に片付ける。

（1）

時間	環境構成	子どもの活動	保育者（実習生）の活動や配慮事項 （保育者の動き）	（実習生の動き）
9：30頃		◎朝の会，おやつ（間食） ・自分の席に座る。 ・ピアノの音に合わせて歌を歌う。 ・名前を呼ばれた子どもは，手を挙げて返事をする。 ・歌を歌い，みんなでいただきますをする。 ・スプーンを自分でしっかり持ってヨーグルトを食べる。 ・食べ終わった子どもは自分で口を拭き，袋に入れる。	・ピアノを弾きながら「あさのうた」を歌い，挨拶をする。 ・出席確認をする。 ・歌を歌い，みんなでいただきますをする。 ・手拭きを配る。	・子ども達と一緒に歌を歌い，挨拶をする。 ・最後，ヨーグルトの残りを集める援助をする。 ・食器を片付ける。
10：00		◎粘土遊び ・名前を呼ばれた子どもは粘土を取りに行く。 ・粘土をすぐに触ってしまう子どもがいる。 ・粘土でお団子を作る子どもがいる。 ・かたつむり，ヘビを作る子どもがいる。 ・粘土を食べ物に見立て，お店屋さんごっこをする子どもがいる。	・席にしっかり座り待てている子どもから，粘土を持ってくるよう促す。 ・粘土板を配る。 ・まだ蓋は開けないように促す。 ・全員が手元にあることを確認し，「どうぞ」と言う。 ・子ども達と一緒に粘土遊びをする。	・しっかり待っているように声かけをする。 ・まだ触らないように声をかける。 ・お団子の作り方を教えながら一緒に作る。 ※注：次のページへ記録が続きます

今日１日を振り返って（実習中に感じたこと、学んだこと、反省すること等を記入すること）

今日はすみれ組で実習させていただきました。今回の私の目標は，声かけを色々と試し，実践するというものでした。朝の自由遊びの時から子ども一人ひとりに合った対応や声かけを実践し，不十分ではあったと思いますが，子どもを笑顔にできたり，些細なけんかを止めることができました。しかし，それでも，なかなかやる気が出ない子どもへの対応など戸惑ってしまうことも多くありました。まだまだ自分は不十分であると実感し，同時に，先生方の子ども一人ひとりに対する接し方や子ども達を奮起させるような声かけを自分自身にも吸収したいと強く感じました。また，自分自身の中で見通しを持って行動ができるように，積極的に素速く行動する努力をします。今日一日，ご指導ありがとうございました。

指導者の所見

（氏名　古川　裕希　）

時間	環境構成	子どもの活動	保育者（実習生）の活動や配慮事項 （保育者の動き）	（実習生の動き）
		・粘土を片付ける。 ・なかなか片付けられない子どもがいる。 ・片付けた子どもは手を洗う。 ◎ダンス ・曲に合わせて，保育者の動きを真似し，踊る。 ・席に座ったままの子どもがいる。 ・力いっぱい動き，体全身を使って踊る。 ・トイレに間に合わなかった子どもがいる（「出ちゃった」と知らせてくれる）。	・粘土を片付けるよう促す。 ・片付けた子どもは後ろに座る（体育座り）ように促す。 ・「サンサン体操」の曲を流し，子ども達と一緒に踊る。 ・お相撲さんの曲なども流す。 ・着替えさせる。	・一緒に粘土をしまい，片付ける。 ・子ども達と一緒に踊る。 ・「一緒に踊ろうか」などと声をかけ，手を取りながら一緒に踊る。 ・その場でズボンを脱がし，衣類を洗う。
11:00頃		◎食事 ・トイレに行き，手を洗う。 ・エプロンをつけて席に座る。 ・歌を歌い，みんなでいただきますをする。 ・食べるスピードがとても速い子どもがいる。 ・泣いて食べない子どもがいる。 ・おかわりをする子どもがいる。 ・野菜を食べない子どもがいる。 ・食べ終わった子どもは口を拭き，手拭きを袋へ入れる。	・トイレに行き，手を洗うように促す。エプロンを持って席に座るよう声かけをする。 ・歌を歌い，みんなでいただきますをする。 ・子どもを抱きかかえ，少しでも食べられるように寄り添う。 ・食べ終わった子どもからオレンジを配る。	・食事を持ってくる。 ・配膳の手伝いをする。 ・布団を敷く。 ・声かけをしながら，必要な時は食事援助をする。 ・「1つだけでも食べてみようか」などと声をかける。 ・食器を片付ける。
12:30		◎お昼寝 ・トイレに行き，パジャマに着替える。 ・ボタンを自分で留めようとする。	・お昼寝の前に絵本を読む。 ・トイレの掃除をする。 ・お昼寝の援助（トントン）をする。頭をなでるなどをして安心して眠れるようにする。	・着替えの援助をする。 ・床，机，いす，棚の消毒掃除をする。 ・お昼寝の援助をする。
15:00		◎目覚め ・起こされて笑う子どもがいる。 ・目覚めた子どもから着替えて，トイレに行く。 ・トイレに行った子どもは手を洗い，席に座る。	・子ども達を起こす。 ・着替えの援助を行う。	・子ども達を起こす。 ・おやつを持ってくる。 ・配膳の手伝いをする。 ・着替えの援助を行う。 ・布団をしまう。

（3）

時間	環境構成	子どもの活動	保育者（実習生）の活動や配慮事項（保育者の動き）	（実習生の動き）
15：45頃		◎おやつ ・歌を歌い，みんなでいただきますをする。 ・おかわりをしたいと言う子どもがいる。 ・食べ終わった子どもは口を拭き，手拭きを袋に入れる。	・みんなで歌を歌い，いただきますをする。 ・「まだみんな食べているから，もう少し待っていてね。」と伝える。	・声かけをしながら食事の様子を見る。 ・食器を片付ける。
16：10		◎帰りの会 ・手を動かしながら歌を歌い，帰りの挨拶をする。 ・ビタミン補給のためのあめを食べる。 ・ありがとうと言う子どもがいる。 ・手遊びの動きを真似して歌いながら手遊びをする。 ・絵本を集中して見て，「ねこ」「へび」「きりん」など声に出して反応する。	・「おかえりのうた」，「とんぼのめがね」などを歌い，帰りの挨拶をする。 ・ビタミン補給をする。 ・「ありがとう」と自然に言えた子どもを褒める。	・子ども達と一緒に歌う。 ・手遊び，絵本の読み聞かせをする。
16：35頃	廊下 ○○○○○○○● ○○○○○○●	◎1階へ移動する。 ・名前を呼ばれた子どもから整列し，前の子どもの肩を持ち，電車になる。 ・ガタンゴトンと言いながら移動する。 ・1階の部屋に着いたら，「こんばんは。よろしくお願いします。」と挨拶をして，自由に遊ぶ。	・順番に名前を呼び，並んで待つよう促す。「それでは，どちらの電車が一番長く離れないで行けるかな？」と声をかける。 ・1階へ着いたら，挨拶をして遊ぶように促す。	・前の子どもの肩を持って電車になるよう声かけをする。

（4）

※２歳児クラスでの一日の流れがよくわかる日誌です。

（第　4　日目）

年 2月 5日（木） 天候　雪・雨	実習生氏名	古川　裕希				
	組・年齢	みかん 組 （ 3 歳児）	在籍人数	男児 9 名 女児 13 名 計 22 名	欠席人数	男児 2 名 女児 3 名 計 5 名

本日の目標	子どもと積極的に関わり、たくさん声かけをする。

時間	環境構成	子どもの活動（生活の流れ）	保育者の活動や配慮事項	実習生の動き
8:30	水道 ブロック 積み木 おままごと	◎順次登園・あそび ・登園してきた子から、積み木やブロック、おままごとをして遊ぶ。 ・誰がお姫様をやるかで少し口論になる。	・登園してきた子に挨拶をする。保護者の方と連絡を取り合う。 ・子どもの視診をする。	・登園してきた子と保護者の方に挨拶をする。 ・子どもたちと一緒におままごとをする。
9:15		◎ラジオ体操・歌を歌う。 ・廊下に出てラジオ体操をする。 ・体操が終わったら歌を歌う。 ・元気よく歌う。	・廊下に出るように促す。 ・子どもたちと一緒にラジオ体操をする。 ・子どもたちと一緒に歌を歌う。	・ラジオ体操が始まることを伝え、廊下に出るように促す。 ・一緒にラジオ体操をする。 ・一緒に歌を歌う。
		◎あそび・排泄 ・部屋に戻り、あそびの続きをする。 ・排泄をする子がいる。 ・一緒に遊びたい時は「入れて」と言う。 ・めろん組の子がみかん組のものを借りる時は「貸して」と言う。	・子どもたちと一緒に遊ぶ。 ・「10で片付けです」と子どもたちに伝える。 ・みかん組とめろん組を行き来できるように扉を開ける。 ・出ていないおもちゃを出したいという子に「時計よく見て、もう少しでお片付けだよ。」と伝える。	・子どもたちと一緒に遊ぶ。
9:50		◎片付け・排泄 ・遊んでいたものを片付ける。 ・片付た子から排泄をする。	・「10になったので片付けてください」と促す。	・子どもたちと一緒に片付ける。
9:55	先生 子どもたち かえるの人形を先生が持つ．	◎歌を歌う。 ・保育室に戻り自分の席に座る。 ・みんなで前に立ってかえるさんに聞こえるように元気よく歌う。 ・手や頭も動かしながら歌う。 ・最後の曲を楽しそうに歌う。 ・歌い終わったら自分の席に戻る。 ・かえるさんが言っていることを聞いて「うん」と答える。 ・かえるさんにさようならをする。	・「今日はかえるさんが見に来てくれています。」とかえるの人形を提示して子どもたちに元気よく歌うように促す。 ・かえるの人形を子どもたちから見えるところに置く。 ・歌い終わったら拍手をして「上手でした」と声かけをする。 ・かえるが言っているように、「みんな上手だったな。お友達も連れてくるから、また聞かせてね。」と言う。	・歌い終わったら拍手をする。

（氏名 古川 裕希 ）

時間	環境構成	子どもの活動	保育者の活動や配慮事項	実習生の動き
10:00	ござ 水道 ・事前にござが敷いてあり、上履きのまま出られるようにしてある。 机 机	・先生の話を静かに聞く。 ・新しいゲームという言葉に興味を持つ。 ・外に出て雪を見る。 ・室内に戻り先生の周りに集まって座る。 ・説明を静かに聞く。 ・先生の歌や動作を真似しながら少しずつ覚えていく。 ・何回かやっていくにつれて、スピードが速くなってもできるようになる。 ・ペアをつくる時に「○○ちゃんとがいい」と離れない子がいる。 ・自分からグループに入れない子がいる。 ・友達同士で頭をポンとして人数を確かめる。	・「今日は雪が降っているので外では遊べません。でもその代わりに新しいゲームをします。」と子どもたちに伝える。 ・「寒いと雨が白い雪になります」と雪の説明もする。 ・子どもたちと一緒に外に出て雪を見る。 ・机といすを端に寄せる。 ・「もうじゅうがりに行こうよという新しいゲームをします」と言ってゲームの説明をする。 ・何回も例を出して説明する。 ・「もうじゅうがりに行こうよ」と歌いながら、ゆっくり子どもたちに教えていく。 ・徐々に歌うスピードを速くする。 ・2文字→3文字→4文字…と徐々に文字を増やしていく。（ゾウ→りす→ひつじ→らいおん→まんとひひ…） ・頭をポンとして人数を確かめるように促す。	・子どもたちが雪を見ている間に机といすを端に寄せる。 ・子どもたちと一緒に説明を聞く。 ・子どもたちと一緒に歌いながら動作もつける。 ・グループの人数が足りないところへ入る。 ・グループをつくれるように声かけをする。 ※注：次のページへ記録が続きます

今日１日を振り返って（実習中に感じたこと、学んだこと、反省すること等を記入すること）

今日はみかん組さんでの実習２日目で部分実習をさせていただきました。２歳児クラスでも絵本を読ませていただきましたが、３歳児の子どもたちはさらに絵本を集中して聞いてくれて、私自身も楽しみながら読むことができました。子どもたちも一緒に「ぽっかぽっかはあ」と言ってくれて嬉しかったです。また今日は新しいゲームをして、ゲームの説明を子どもたちが真剣に集中して聞いていたのが印象に残っています。「もうじゅうがりに行こうよ」のゲームはまだ少し難しいのかなと思っていましたが、回数を重ねるごとに子どもたちがどんどん理解して、動作も増やしてできるようになっていって驚きました。今日は子どもたちとたくさん関わり、声かけも多くすることができたと思います。２日間でしたが、みかん組の子どもたちや先生方からたくさんのことを学びました。欠勤をしてしまい、日誌を提出するのが遅くなって本当に申し訳ありません。残りの実習もみかん組での学びを活かして頑張りたいと思います。２日間のご指導ありがとうございました。残りの実習もよろしくお願いいたします。

指導者の所見

（氏名 古川　裕希　）

時間	環境構成	子どもの活動	保育者の活動や配慮事項	実習生の動き
		・部屋の中を歩きながら歌う。	・部屋の中を歩きながら歌うなど、徐々に動作を増やしていく。	・子どもたちと一緒に歩きながら歌う。
		・踊ると聞いて喜ぶ。 ・広がってみんなで元気に踊る。 ・歌いながら踊る子もいる。 ・「暑いから脱ぎたい」と言う子がいる。 ・中のシャツだけを脱ぐ子がいる。 ・絵本を読み始める子がいる。 ・踊らない子がいる。	・「もうじゅうをつかまえることができたので、次はみんなで踊りを踊りましょう」と伝える。 ・窓を少し開ける。 ・子どもたちと一緒に踊る。	・子どもたちと一緒に踊る。
		・踊りが終わったら少しの間、ブロックや積み木、おままごとをして遊ぶ。	・踊りが終わったら机といすを戻す。	・机といすを戻す。
11:15		◎着替え・手洗い ・おもちゃの片付けをして着替える。 ・自分で服を選んで着替える。 ・脱いだものは自分でたたんでしまう。 ・早く着替えた子が他の子の着替えを手伝う。 ・着替えを終えた子から手洗いをする。	・着替えを促す。	・「できない」と言う子に援助をしたり声かけをする。
11:30		◎食事 ・手洗いをして自分の席に座る。 ・みんなで一斉にいただきますをする。 ・食べるスピードが速い子が多い。 ・おかわりをする子が多い。自分でよそる。 ・名前が呼ばれた子からごちそうさまをする。 ・食器は自分で片付け、口をゆすぐ。 ・片付けた子から排泄をする。	・給食の配膳をする。 ・おしぼりを配る。 ・子どもたちと一緒に給食を食べる。 ・しっかり待っている子から名前を呼ぶ。 ・排泄するように促す。	・給食の配膳を手伝う。 ・子どもたちのおしぼりをつくる。 ・子どもたちと一緒に食べる。 ・フォークの持ち方を気をつけてみるように声かけをする。
	壁	・廊下で座り、手遊びを一緒にする。 ・静かに絵本を聞く。 ・「紙しばいがいい」と言う子がいる。 ・一緒に「ぽっかぽっかはあ」と言う。	・「絵本の日もあるんだよ」と子どもに伝える。	・部分実習として「ぽっかぽかのおまじない」という絵本を読む。 ・絵本を読む前に「はじまるよ」の手遊びもする。
12:30	みかん組 ばなな組 めろん組	◎お昼寝 ・絵本が終わったら廊下に並んでホールへ行く。 ・上履きを持つ担当の子がいる。 ・自分のふとんに入りお昼寝をする。	・お昼寝の援助をする（トントン）。	・お昼寝の援助をする（トントン）。
14:45		◎目覚め・排泄 ・起きてすぐトイレに行く子がいる。 ・自分のふとんをたたみ、押し入れまで運ぶ。 ・上履きを履いて、保育室に戻る。 ・おねしょをした子がいる。	・排泄するように促す。 ・おねしょをした子のシーツを取る。	・子どもからふとんを受け取り、押し入れに入れる。 ・おねしょをした子と保育室に戻り、着替えてもらう。

時間	環境構成	子どもの活動	保育者の活動や配慮事項	実習生の動き
		・泣き出す子がいる。	・泣いた子をなだめる。「おやつ食べよう」と声かけをする。	
15:00		◎おやつ ・排泄をして手洗いをした子から席に座って静かに待つ。 ・みんなでいただきますをする。 ・おかわりしたいと言う子がいる。 ・牛乳が苦手な子がいる。 ・ごちそうさまをする。	・おやつの配膳をする。 ・お迎えが来た子には食べ始めるように促す。 ・子どもと一緒におやつを食べる。 ・今日はおかわりがないことを伝える。	・おやつの配膳を手伝う。 ・子どもと一緒におやつを食べる。
15:30		◎帰り支度 ・連絡帳を先生から受け取り、自分の荷物に入れる。	・子どもたちに連絡帳を渡す。	
		◎あそび・順次降園 ・帰り支度をした子からおままごとやブロック，モルールなどをして遊ぶ。 ・ぬりえやめいろをして遊ぶ子もいる。 ・絵本を読む子がいる。 ・片付けが嫌だと言う子がいる。泣いてしまう子もいる。	・子どもたちと一緒に遊ぶ。 ・片付けをしてから次のあそびをするように促す。 ・泣いている子をなだめて理由を聞く。	・子どもたちと一緒に遊ぶ。 ・絵本を読む。 ・迷路を書く。
16:40		・降園する子が多くなる。	・当番保育士に連絡事項などを伝えて引き継いでもらう。 ・出席確認を行う。 ・迎えに来た保護者の方と連絡を取り合う。	

※３歳児クラスでの一日の流れがよくわかる日誌です。

（第 11 日目）

年 2月 16日（月） 天候 晴れ	実習生氏名	古川 裕希				
	組・年齢	めろん 組 （ 4 歳児）	在籍人数	男児 名 女児 名 計 23 名	欠席人数	男児 名 女児 名 計 名
本日の目標	積極的に行動し、今までの反省点を活かす。					

時間	環境構成	子どもの活動（生活の流れ）	保育者の活動や配慮事項	実習生の動き
8:30		◎順次登園・あそび ・登園してきた子どもからブロックやコマ、おえかきなどをして遊ぶ。 ・すごろくをする子どもたちがいる。 ・遊びに入りたい子どもは「入れて」と言う。それに対して「嫌だ」と言う子どもがいる。 ・チューリップの水やりをする。	・登園してきた子どもに挨拶をする。保護者の方と連絡を取り合う。 ・子どもの視診を行う。 ・帽子をしまうよう促す。 ・「チューリップに水やりしましょう」と子どもたちに声をかける。	・登園してきた子どもと保護者の方に挨拶をする。 ・子どもと一緒に遊ぶ。 ・「一緒に遊ぼうね」などと声をかける。
9:10		◎ラジオ体操・歌を歌う。 ・ホールへ移動する。 ・他のクラスの子どもたちと一緒にラジオ体操をする。 ・体操が終わったら歌を歌う。 ・手をたたきながら元気良く歌う。	・ホールへ移動するよう促す。 ・子どもたちと一緒にラジオ体操をする。 ・子どもたちと一緒に歌う。	・ホールへ行くように促す。 ・子どもたちと一緒にラジオ体操をする。 ・子どもたちと一緒に歌う。
9:30	保育士 子どもたち	◎保育室に戻り、自分の席につく。 ・なかなか話をやめない子どもがいる。 ・姿勢を正せない子どもがいる。 ・自分の当番に手を挙げて当番活動を確認する。 ◎やまんばの歌を歌う。 ・歌詞を見ながら元気良く歌う。	・自分の席に座るように促す。 ・「どうぞ話していてください」と子どもたちに気づかせる。 ・いすごと体を向けて話を聞くように促す。 ・今日の当番活動の確認をする。 ・「みんなの上手な歌声を聴かせてください」と子どもたちに伝え、歌詞を見せる。 ・「金曜日よりとても上手になっていました」と子どもたちに伝える。 ・「今日も発表会の練習をするので元気良く歌ってね」と伝える。	・子どもたちと一緒に歌う。
		・コマやけん玉、手遊びの中から自分が担当しているものを選び練習をする。 ・けん玉で友達を攻撃する子どもがいる。 ・泣いてしまう子どもがいる。 ・部屋の中を走り回る子どもがいる。 ・かるたをやり始める子どもがいる。 ・画用紙の上にコマを乗せる子どもがいる。	・壊れてしまったけん玉などを直す。 ・何があったのか子どもたちの話を聞く。 ・部屋の中は走らないことを伝える。 ・「今は他の遊びはしません」と子どもたちに伝える。	・絡まってしまった糸をほどく。 ・子どもたちのコマ回しを見る。 ・何があったのか子どもたちに聞く。

（氏名 古川　裕希　）

時間	環境構成	子どもの活動	保育者の活動や配慮事項	実習生の動き
11:00頃		◎やまんばの練習をするため、ホールに移動する。 ・並んで移動する。 ・自分の発表ではない時は廊下で並んで待つ。 ・並ぶ順番でけんかになる子どもがいる。 ・ずっと話している子どもがいる。 ・歌を歌わない子どもがいる。 ・廊下で並ぶ順番を理解できていない子どもがいる。 ◎保育室に戻り、遊ぶ。 ・すごろくをして遊ぶ子どもがいる。 ・サイコロを2つ使って数を足して進む。 ・コマを練習する子どももいる。 ・パズルで遊ぶ子どもがいる。 ・6になったことを確認し、片付ける。	・ホールへ行くことを伝える。 ・コマ・けん玉、手遊びで並ぶことを促す。 ・ホールで発表の説明をする。 ・「めろん組のあとはぶどう組も練習するから、しっかり早く練習しましょう」と子どもたちに伝える。 ・並ぶ順番を伝えてしっかり待つように促す。 ・静かに待つように促す。 ・何度注意しても聞かない子どもは列から離して見ているだけにする。「しっかりできないならやらなくていいです」と伝える。 ・歩いて移動するように促す。 ・「今日は特別に6まで遊んでいていいです。」と時間を伝える。	・並ぶことを促す。 ・しっかり並んで待つように促す。 ・静かにするように伝える。 ・「そのまま前につめていけば並べるよ」と声かけをする。 ・子どもたちと一緒に遊ぶ。すごろくをする。 ・6になったことを伝え片付けを促す。

※注：次のページへ記録が続きます

今日1日を振り返って（実習中に感じたこと、学んだこと、反省すること等を記入すること）

今日はめろん組で実習させていただきました。朝の寒い中、自分で選んだチューリップの球根に一生懸命水を与えている子どもたちの姿が印象的でした。「自分で選んで自分で育てているんだよ。」と教えてくれる子どももいました。また、発表会の練習場面も見ることができました。いつもとは違う雰囲気の中で子どもたちの気持ちも高まり、そんな子どもたちをまとめることは非常に難しいことだと感じました。朝の時点では元気良く歌えていたけれど、練習の時になると歌わない子どもがいるなど、子どもたちをやる気にさせることも難しいことだと思いました。そして子どもたちに自分の力でやってもらうことも大切であると改めて学びました。手伝うことは簡単なことだけれど、子どもたち自身にやってもらい、それができたという経験は非常に重要であると感じました。1日のみでしたが、様々な場面を見させていただいたことで、めろん組の子どもたちからも先生方からも多くのことを学べました。1日ご指導ありがとうございました。

指導者の所見

㊞

（氏名 古川　裕希　　）

時間	環境構成	子どもの活動（生活の流れ）	保育者の活動や配慮事項	実習生の動き
11:30		◎着替え ・片付けた子どもから着替える。 ・自分で服を取り出し、自分で着替える。脱いだ服も自分で袋に入れる。 ・なかなか着替えずに外を見る子どももがいる。	・着替えるように促す。	
12:00		◎食事 ・着替えた子どもから手洗いをして席につく。 ・給食当番の子どもはエプロンと三角巾をつけて準備をする。 ・自分のグループの人数分の給食を配膳する。 ・トレーを使って配膳する。 ・牛乳も注ぐ。 ・当番が給食の紹介をしてみんなでいただきますをする。 ・「給食の用意ができたので来てください。」と副園長先生を呼びに行く。 ・おかわりをする子どもがいる。 ・ほとんど食べない子どもがいる。 ・ごちそうさまをする。 ・床の雑巾がけを手伝う子どもがいる。 ・どんちけたをする子どもがいる。	・手洗いをして座るように促す。 ・配膳するように促す。 ・練習をふざけていた子どもと一対一で話す。 ・子どもたちと一緒に給食を食べる。 ・ごちそうさまの時間を決めて子どもたちに伝える。 ・「一口食べて終わりにしてもいいから食べてみようね」などと声かけをする。 ・「どんちけたするために雑巾がけしてるのではありません。」と子どもたちに伝える。	・エプロンと三角巾をつける援助をする。 ・台拭きを用意する。 ・子どもたちと一緒に給食を食べる。 ・机と床を拭く。
13:00		・いすに座って紙芝居を見る。 ・集中して静かに見る。 ◎お昼寝 ・上履きを脱いで並ぶ。トイレにも行く。 ・落ちつきのない子どもがいる。 ・話をなかなかやめない子どもがいる。 ・自分の布団でお昼寝をする。	・紙芝居を読む。 ・静かに並ぶように促す。 ・子ども一人一人に「ぶどう組になれますか」と聞いて静かにホールへ行くように促す。 ・お昼寝の援助をする（トントン）。	・上履き入れを持つ。 ・お昼寝の援助をする（トントン）。
14:45		◎目覚め・排泄 ・自分の布団をたたみ、押入れまで運ぶ。 ・自分で運べないと泣き出す子どもがいる。 ・各自トイレに行く。	・布団をたたむことを促す。 ・なかなか起きない子どもを優しく起こす。 ・「運べるよ！いつも運んでいるでしょ」と子どもを励ます。 ・「めろん組は部屋に戻ります」と子どもたちに伝える。	・「おはよう」と声をかけながら布団をたたむことを促す。
15:00		◎おやつ ・当番の子どもはエプロンと三角巾をつけて準備をする。 ・手洗いをして席に座る。 ・当番は自分のグループの人数分のおやつを配膳する。牛乳も注ぐ。	・おやつを食べる準備をするように促す。 ・発表の練習をもう一度やることを伝え、すばやく準備するように伝える。	・エプロンと三角巾をつける援助をする。 ・台拭きを用意する。

時間	環境構成	子どもの活動	保育者の活動や配慮事項	実習生の動き
		・おやつの紹介をしてみんなでいただきますをする。 ・ごちそうさまをする。	・子どもたちと一緒に食べる。 ・ごちそうさまの時間を伝える。 ・よく待てているグループからごちそうさまをする。	・子どもたちと一緒に食べる。 ・床をほうきで掃く。 ・机を拭く。
15：45頃		◎いすを持ってホールに移動する。 ・ホールにいすを並べてグループ別に座る。 ・ふざけ合う子どもたちがいる。 ・話をやめない子どもがいる。 ・ホールを走り回る子どもがいる。 ・歌詞を見ながら歌う。 ・歌わない子どももいる。 ・「えー」という子どもがいる。 ・自分のいすを持ち保育室へ戻る。	・いすの持ち方に注意するように促す。 ・コマ・手遊び・けん玉別に座るように促す。 ・発表の変更点などを子どもたちに伝える。 ・「みかん組はとても上手だったからめろん組も頑張ってね。」と子どもたちに伝える。 ・「やらなくていいです」と見ているだけにする。 ・歌詞を覚えるように歌うよう促す。 ・「先生の話聞けないならもうやめよう。」と言ってホールの電気を消す。	・しっかり話を聞くように促す。 ・一緒に歌って、歌うように促す。
16：10頃		◎あそび・順次降園 ・こまやおえかき，ブロックなどで遊ぶ。 ・粘土をする子どもがいる。ケーキやおせんべいを粘土で作る子どもがいる。	・当番保育士に連絡事項などを伝えて引き継いでもらう。	・子どもたちと一緒に遊ぶ。

※４歳児クラスでの一日の流れがよくわかる日誌です。

保育の記録①（第 7 日目）

年 9 月10日（月）	実習生氏名	志村 多穂				
天候 曇りのち雨	組・年齢	ゆり 組 （3.4.5 歳児）	在籍人数	男児 15 名 女児 12 名 計 27 名	欠席人数	男児 2 名 女児 1 名 計 3 名
本日の目標	子どもと遊びながら視野を広げ、全体に目を向けられるようにする。 休み明けの子どもたちの様子を観察する。					

時間	環境構成	子どもの活動	保育者の活動や配慮事項	実習生の動き
9:00	○室内遊び ・ブロック ・トランプ ・大工さんごっこ 大工さんごっこ トランプ ブロック	・普段よりも落ち着かない様子で、実習生に抱っこやおんぶを求めて甘える。 ・抱っこやおんぶをしてもらい満足そうに違う遊びをする子もいれば、何度も抱っこやおんぶをしてほしいと求める子がいる。	・保護者に連絡帳を受け取り、体調や家庭での様子を聞く。	・休日に家族と過ごし、週明けに保育所に来て、寂しい気持ちがあるのではないかと考え、甘える子の気持ちを受けとめながら抱っこやあそびの誘いに応じる。
9:20	○片付け 5歳児 4歳児 3歳児 □保育者	・保育者の声掛けで遊びを中断し玩具を片付ける。 ・片付けが済んだ子からマットの上に体操座りをして待つ。	・「そろそろお片付けしてね。」と声を掛けながら子どもたちと片付けをする。 ・他児を手伝うように伝える。	・「先生と一緒に片付けしよう。」や「誰が1番早く片付けられるかな。」などと声を掛け、片付けを促す。
9:35	○ホームルーム ・保育者の話 ・手遊び（いちたくんのおひっこし） ・絵本の読み聞かせ（はっぱのおうち） ・今日の活動について	・初めて見る手遊びに戸惑いを見せるが、2度目に行った際には真似しながら手遊びを楽しむ。 ・絵本に出てくる虫の名前や鳴き声を声に出して言ったり、「僕もその虫捕まえたことあるよ」と言い、絵本を楽しむ。	・保育者が立つ場所を中心として座わるように伝える。 （座わる場所を決めているのは、毎日行われる習慣が身に付くようにする為だと考える。）	・手遊びをする。 ・手遊びを初めて行う子が多かった為、ゆっくり行うよう心がける。 ・絵本を読む。 ・子どもの様子を見ながらページをめくる速さや声のトーンを変える。
9:45	○外遊び ・木の実集め ・虫探し	・木の実を見つけ、採った木の実をバケツに入れ、集める。 ・木の実の他にも葉っぱや石を拾い、バケツに入れる。 ・大きい石の下や葉が多く生いしげっている所を注意深く探す。 ・虫を見つけ、木の実や石の入ったバケツに虫を入れる。		・高いところにある木の実を子どもたちが採れるように抱っこをする。 ・集めた木の実などを遊びにどう発展させるのか経過を見る。

（氏名　志村 多穂　）

時間	環境構成	子どもの活動	保育者の活動や配慮事項	実習生の動き
		・バケツの中の虫が、木の実や葉っぱを見つけてどのような行動を取るのか観察する。 ・だるまさんがころんだをする。 ・Aちゃんは1人で泣いている。 ・だるまさんがころんだをしていた子たちはAちゃんがなぜ泣いているのか気になり近寄る。 ・Aちゃんは黙ったまま泣く。 ・他児はだるまさんがころんだに戻る。 ・Aちゃんは実習生の問いかけに反応するが言葉で表現できない様子。 ・実習生を遊びに誘う。 ・Aちゃんと他児は一緒にどんぐりを集めに行く。 ・どんぐり集めをするうちにAちゃんの気持ちはまぎれた様子。	・子どもたちが何の虫を見つけたのかを聞く。 ・全体を見て、危険な場所が無いか注意して見る。 ・体調の悪くなった子の対応をする。 ・どんぐり集めをする子どもたちに毛虫に触らないように声を掛ける。	・子どもたちと一緒に虫を観察する。 ・子どもたちとだるまさんがころんだをする。 ・泣いているAちゃんに気づき声を掛ける。 ・他児にだるまさんがころんだを1度抜けることを伝え、Aちゃんが落ち着くまで一緒にいる。 ・何があったのかを聞くことが1番ではなくAちゃんの気持ちが落ち着き遊びに戻れることが大事だと考え、しばらく抱っこする。 ・他児にAちゃんの元気が出るように一緒にどんぐりを集めて欲しいと頼む。 ・Aちゃんが他児に混ざって遊んでいるのを見守る。
11:30	○片付け 昼食 （・挽肉入りオムレツ ・お浸し ・味噌汁 ・なし） 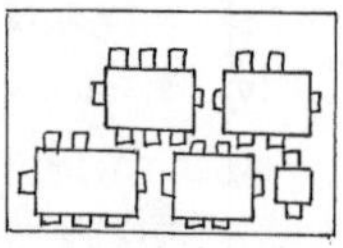	・使った玩具を元あった場所に戻し、手と足を洗って部屋に入る。 ・自分のコップ、はし、主食を準備し、お茶をもらった子から配膳する。 ・同じ机の友達と楽しみながら食べる。	・毛虫を触った子がいないか確認し、触った可能性のある子には手当てをする。 ・友達との話に夢中になり、食べる手が止まっている子に声を掛ける。	・手をしっかり洗い、配膳する。お茶を注ぐ。
13:00	○午睡	・トントンをする係の5歳児が3歳児をトントンしながら眠そうにする。	・眠そうにしている5歳児を見て、普段よりも早く係の仕事を終えていいことを伝える。	・トントンをする。
14:40	○起床・排泄	・起きた子から自分の布団を畳む。 ・なかなか起きられない子がいる。	・子どもたちを起こし、布団を畳む。	・子どもたちを起こし、布団を畳む。
15:00	○おやつ （・レーズンポテト ・せんべい　・牛乳）	・自分のコップを用意して、席に座る。	・配膳をする。	・お茶を注ぐ。

（氏名　志村多穂　）

時間	環境構成	子どもの活動	保育者の活動や配慮事項	実習生の動き
		・レーズンやさつまいもが苦手で食べられない子がいる。 ・保育者の援助を受け少し食べる。	・「あと何口食べられる?」などと聞きながら援助する。	・「食べられそうなところだけでも食べてごらん」と励ましながら援助する。
15:45	○ホームルーム ・保育者の話 ・紙芝居の読み聞かせ	・隣に座る他児と話す。 ・話をやめて紙芝居を聞く。	・紙芝居を読む。 ・登場人物によって声を変える。	・保育者の話を聞くように伝える。
16:00	○室内遊び ・お絵描き ・ブロック 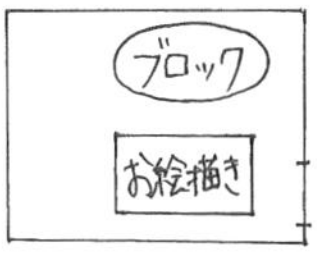 	・実習生に果物やアイスクリーム、お姫様、城などの絵を描くように頼む。 ・実習生が描いた絵に色を塗る。 ・自分が描ける絵を描いて実習生に見せる。 ・動物のブロックを使い、"ハンバーガー屋さんごっこ"をする。 ・色ごとにブロックを分け、パンや野菜、肉に見立てて遊ぶ。 ・「いらっしゃいませ!」と店員になりきる。	・保護者が迎えに来た際には、体調や1日の出来事を伝える。	・子ども1人ひとりの要望を聞きながら描く。 ・絵を全て描くのではなく線だけ描き、子どもが色を塗れるようにする。 ・動物のブロックを使い、お客さん役で遊びに参加する。

今日１日を振り返って（実習中に感じたこと、学んだこと、反省すること等を記入すること）

トラブルがあった際に、仲介や原因を明確にすることが大切だと考えていましたが、それよりも子どもたちの気持ちが切り替えられる援助をし、子どもたちが遊びに戻れることが大切だということに気づきました。また、子どもに援助した後の様子を追って見ることで、子ども同士の関わり合いや遊びの展開が見られるということを学びました。子どもたちの遊びを観察し、子どもたちがどのようなことを求めているかや、興味を持っている事に気づき、理解が深まり、環境構成や、子どもに経験して欲しい遊びの設定に繋がるということを学びました。

子どもたちの個性や性格、発達はさまざまで、子ども1人ひとりに合った保育をする為には、その子1人ひとりの姿を正確に捉えていくことが大切だと感じました。子どもたちとじっくり関わり、1人ひとりに合った援助を見つけていけるようにしたいです。

指導者の所見

㊞

※異年齢クラスでの一日の流れがよくわかる日誌です。

前期実習を終えての反省と感想

今回の実習で自分の困ったこと、意外だったこと、嬉しかったことなどまとめてみよう。
また実習の前に持った抱負についても思いおこし、自分なりに整理してみよう。

初めての実習で緊張もしていて、わからない事も多くありましたが、この実習で子どもとたくさん接することができました。その中で本当に様々な事を学びました。子どもたちが毎日成長していること、その姿を先生方がいつも優しく見守っていること、そして子どもたちに迷いなどが生じた時にはすぐに手を差しのべ導いていることなどです。

保育園というハつも変わらない場所で、子どもたちは決して同じではない毎日を送っていました。「昨日の続きしよ」と友達に呼びかけ昨日と同じ遊びをしていても、昨日に比べて遊びが発展していたり、子ども同士の仲が深まっていたりしているようでした。きっとこれは意識をしてのことではないでしょう。ごく普通に、自然に毎日を楽しく過ごすことなのです。そんな風に日々を送ることは忙しいなどの理由からできなくなってしまうと思います。大人が毎日を同じように感じてしまうのはそのためでしょう。実習で子どもたちと過ごす中で、同じように感じていた日々を、違う毎日に感じられたことは大変嬉しいことです。そして私をそんな気持ちにさせた子どもたちから、大切なことを教えられた気がします。子どもの無邪気な姿、素直な反応に救われたり、励まされたり、忘れていたことを思い出させられたりと、子どもから受け取ったものはたくさんあります。

そんな子どもたちに私は何かを与えることはできたのでしょうか。考えてみると不安です。しかし、「大人も子どもたちと一緒になって何かを楽しむことで、子どももより楽しく世界を広げていける」という先生の言葉を受け、子どもと共に楽しい時間を過ごしてきました。私に笑いかけてくれる子ども、近寄って抱きついてくる子どももいました。何も与えているものがなかったとしても、一緒に楽しい思いで過ごせたことは、お互いに良いことだったと思います。

素直に心を表す子どももいれば、そうではない子どももいました。そしてそれには理由があるのです。先生方は子どもたちと向き合っていました。子どもがどんな状態であろうとも逃げたりはしませんでした。様々な角度から子どもを見つめ、様々な配慮のもとに子どもと接していました。その姿はまるで本当の親のようでした。保育者は園児にとってのもう一人の保護者だと思います。そしてそれは「クラスの子どもたち」にとってのもう一人の保護者なのではなく、「一人一人の子ども」にとってのもう一人の保護者なのです。ですから先生方は一人一人に対して本当に深い愛情をもって接していました。一人一人に向けられる笑顔は本当に安心することができる美しいものでした。

先生方を見ていて、私も○○○保育園の先生方のような先生になりたいと思いました。子どもたちのように先生方の模倣もしていました。しかし私は、素直になれない子どもが表わした反応に怯えてしまい、子どもをまっすぐに見つめることができませんでした。何故そのような反応を示すのか、もっと深く見つめれば理解できたかもしれません。けれども子どもとの間にある壁が恐いのか、答えを導き出すことができませんでした。その子どもから逃げてしまったのです。このことは私が前期の実習でとても後悔していることです。もう実習は終わってしまいました。これを乗り越えるためには後期の実習で頑張ることです。

いろいろと見学・観察をさせて頂いて、まだまだ学ばなければならないことが多くあると思いました。子どもとどのように接するかなどということは、その時その時で違いますから実践あるのみですが、子どもたちとより深く関われるように、多くの手遊びを覚えたり、虐待についてや心理学などの勉強をしたいと思います。

この実習で子どもの発達について知ることができて良かったと思います。子どもは日々成長し、そして五年間では本当に大きくなるのだと感じることができました。また、保育者の役割なども自分なりに理解することができたと思います。

最後になりますが、健康管理が不十分で声が出なくなってしまい、先生方や子どもたちに迷惑と心配をかけてしまいましたことが気にかかっています。申し訳ありませんでした。次回はもっと風邪の予防に力を入れたいと思います。二週間本当にお世話になりました。とても楽しく二週間を送ることができました。ありがとうございました。（河守　愛）

前期実習を終えての反省と感想

今回の実習で自分の困ったこと、意外だったこと、嬉しかったことなどまとめてみよう。
また実習の前に持った抱負についても思いおこし、自分なりに整理してみよう。

今回、実習させて頂くなかで、保育方針にもあります"家庭的な雰囲気"を保育所全体から感じました。保育室はご温かみのある木や布を素材として用いた家具や小物、手作りのおもちゃなどで囲まれ、また先生方が子ども達に優しく接しておられる姿、子ども達が元気よく遊び回り、笑顔の絶えない姿がとても印象的でした。実習期間が保育参加週間と重なり、保護者の方々が参加されている様子を見させて頂き、家庭と保育所が協力し合い子育てを行うためには保育所での子どもの様子を知ってもらう事も大切であり、このような機会を設ける事も保育士の大切な仕事である事を知りました。

1歳児クラスから2日間ずつ実習に入らせて頂いた事で、子ども達の発達の様子をじっくりと見させて頂く事が出来ました。ひとつクラスが上がる度に、前のクラスでは見る事の出来なかった子ども達の新たな一面、成長した姿にはとても驚かされました。4月には自分一人では上手に泥を丸めて作る事の出来なかったお団子も今では、自分で力の加減を考えながら丈夫なお団子を作れるまでに成長した事を先生から教えて頂き、子ども達は毎日の生活や遊びの中で様々な事が出来るようになり、日々成長している事を改めて感じました。

乳児クラスではグループ保育・担当制を見させて頂き、"担当制"と聞き、私が想像していた保育方法とは異なるものでした。月齢や個人によって発達状態が大きく異なる乳児にとって、月齢に応じた遊びや保育を行う事は大切な事であり、一人一人の発達・発育状態を正しく把握し、家庭に近い保育を行う為にも担当制・グループ保育を取り入れた保育が望ましいと感じ、このような保育方法もあるという事を学びました。子ども達の中には、時に先生と一対一で接して欲しいと思う子がいる事、また、そのような時はその子の欲求に応え、一対一で接する時間を設け子どもの気持ちを受容し、安心して生活できるように心掛けているという話を伺い、子どもが気持ちよく生活できるように、子どもの欲求を十分に満たし、優しく受容する事が出来るような保育士になれるように心掛けていきたいと思いました。幼児クラスになると、子ども達は自立しはじめ、友達同士の関わりが増えてくる為、どのように子ども達と関わってよいのか戸惑いもありましたが、子ども達と積極的に関わるには一緒に楽しむ事が大切とご指導頂き、子ども達と一緒になって遊びを楽しむ事を心掛け、実習させて頂きました。

晴れた日には園庭だけではなく、公園やじゃんけん広場などに散歩に行き、体をいっぱい動かしたり、自然に触れて遊んだりと遊具などが無くても、自分達で遊びを見つけ楽しむ子ども達の姿が印象的で、子ども達にとって身近にある自然のもの全てが遊びに繋がる事を教えられました。また、雨の日には室内で粘土遊びや製作などをして静かに過ごしたり、ホールで体をいっぱい動かして遊んだりと、ケガがないように静と動を取り入れた活動を考えていらっしゃる先生方から、室内でも安全に体を動かし楽しむ事が出来るような環境づくりの大切さを学び、難しさも感じました。

実習中、手遊びや紙芝居、絵本を読ませて頂く事が何度かあり、子ども達の前で手遊びを始めると、釘づけになって見てくれ、一緒に手遊びをすると喜んでくれた事がとても嬉しく思いました。しかし、紙芝居や絵本を読む時には、大きな声ではっきりと読む事に一生懸命で、場面によって声のトーンを変えてみたり、読む速さなど工夫する事が出来なかったので、子ども達が楽しみながら聞く事が出来るように、これからもっと練習を重ね、技術を習得したいと思います。反省会で、「人に対して敏感な子がいるけれど、違和感なく実習生を受け入れていた様子を見て驚きました。」という話を先生から初めて伺い、私自身もその子と接している時にそのような様子が見られなかったので、自然に接していた私をそのまま受け入れてくれた事がとても嬉しく思いました。

この実習を通して、保育士は人の命を預かる責任ある仕事であると共に子どもの人間形成に大きな影響を及ぼす立場であるという自覚を持つ事が出来ました。今回の実習で学んだ事や感じたり、反省した事などから多くの事を得る事が出来ました。子ども達一人一人の思いを大切に受け止め、安心する事の出来る環境づくり、人間関係を築く事が出来る保育士を目指し、頑張っていきたいと思います。２週間ご指導頂きありがとうございました。　（太田宇蘭）

後期実習を終えての反省と感想

今回の実習で自分の困ったこと、意外だったこと、嬉しかったことなどまとめてみよう。また実習の前にもった抱負についても思いおこし、自分なりに整理してみよう。

前期実習に引き続き、後期実習でも大変お世話になりました。二週間という短い間でしたが、毎日が新鮮で、日々先生方、そして子ども達から新しい発見や感動、驚きを学び、とても貴重な体験をさせて頂くことができました。

先生方だけでなく子ども達までもが前期実習でのことを覚えていてくれて、暖かく接して頂き、とても嬉しく思います。

今回は、0・一歳児～五歳児クラスを二日間ずつと最終日に二歳児クラスで責任実習、そして時間外保育も体験させて頂くことができ、とても中身の濃い実習となりました。

前期実習で接することの少なかった0・一歳児クラスでは、言葉かけの大切さを学びました。まだ言語がはっきりしていないので、子どもが何を言っているのか、何が言いたいのかを理解することができず、どう言葉がけをしていいのか困ってしまいました。そこで先生と子ども達の様子を観察してみたところ、とにかくたくさん言葉がけをしていました。子どもは、まだ上手く話すことができなくても、大人の言っていることは理解することができるようになってきているので、話しかけることで、当たっているのならうなずいたり、笑ったり、そして間違っているのなら首を横に振ったりと答えてくれるということがわかりました。もっと多くの子にたくさん言葉がけができれば良かったと思います。

二歳児クラスでは、二日間の他に責任実習もさせて頂きました。前期実習の時でも一番多く関わったクラスだったので、生活の流れや一人ひとりの顔、名前などもつかむことができ、他のクラスに比べ落ち着いた実習をすることができたと思います。子ども達もよく覚えていてくれてとても嬉しかったです。給食の時には、ちょうど箸の使い方を練習している時期で、スプーン、フォークから箸への発達段階を見ることができました。この時期だと、排泄や食事、衣服の着脱など基本的生活習慣は自立しているのだということがわかりました。

三歳児クラスでは、前期実習の時に比べ、全体的に落ち着いた雰囲気の中で活動をしていると感じました。また、前はちょうど反抗期で私が話しかけると「来ないでよ。」と言っていた子が、今回では「一緒に遊ぼう!!」と素直に近付いてきてくれて、その成長ぶりに驚くと共に喜びも感じました。段々と運動機能が発達してきているようで、追いかけっこをするだけでなく、ボールを上手についたり、蹴ったりして遊んでいる子もいました。

四歳児クラスでは、毎日の生活習慣が理解できているようで、先生に言われなくても自分達で次の行動の準備をしたり、また自分達で注意し合ったりと、自分のことだけでなく周りも見ることができるようになっているのだと感じました。このように子ども達が自分達で次の活動に進めるようになるには、毎日の生活をある程度パターン化するという先生の工夫がなされているのだと思いました。また、私が机を運んでいると手伝ってくれる子がいました。「僕だってこれくらい運べるよ!!」といった感じでとても得意気でした。この時期、自分でできる、やりたがる気持ちを強く持っているのがよく伝わりました。

五歳児クラスでは、もう生活習慣の自立をしていて、遊ぶ時も友達同士で遊ぶことが多くなり、先生は見守るという感じでした。喧嘩があってもその周りにいた子が仲裁をして仲直りをしてしまう場合が多かったように思います。キリン組で実習をさせて頂いて

（次頁に続く）

一番心に残っているのは、関公園までお散歩に行った時のことです。梅の花やオオイヌフグリ、そしてつくしなど子ども達が自然にとても興味・関心を示しているのに気付けたことがとても嬉しいです。園庭で元気よく遊ぶのも良いことだけれど、動・植物に触れることで生命の不思議さや大切さを学ぶことができるのだと思い、私自身もとても勉強になりました。少し園外に出るだけで、新しい発見ができるのだと思いました。

最終日の二歳児クラスでの責任実習では、たくさんの反省点があります。主活動の雪だるま作りでは、私の説明不足で顔を描いた方にのりを塗って台紙に貼ってしまったり、折り紙を裏表、逆に貼ってしまう子など様々でした。もっと大きな見本を用意し、丁寧にゆっくり説明すれば少しは違ったかもしれません。また、二歳児ではまだ、目や鼻、口などどこにあるのか、雪だるまにも同じように目、鼻、口があることなど、しっかりはわからないためクレヨンで雪だるまを塗っている子もいました。このような発達段階をきちんと勉強して把握していればと深く反省しています。失敗ばかりでしたが最後のパネルシアターは、みんなとても集中して見ていてくれて、とても嬉しかったです。やって良かったと思っています。

先生方に、多くのご指導・ご助言をして頂き、より中身の濃い実習となりました。二週間とても楽しく、そして充実した日々を送ることができました。本当にありがとうございました。

（森坂通子）

後期実習を終えての反省と感想

今回の実習で自分の困ったこと、意外だったこと、嬉しかったことなどまとめてみよう。
また実習の前に持った抱負についても思いおこし、自分なりに整理してみよう。

今回、後期実習では2歳児クラスと4歳児クラスで実習をさせて頂きました。2歳児クラスでは部分実習、4歳児クラスでは部分実習と責任実習もやらせて頂くことが出来ました。一週間ずつという短い期間でしたが、毎日たくさんのことを感じることが出来ました。

前期実習からは日がたっていたのですが、子ども達の中には覚えてくれた子もいて、とても嬉しかったです。

最初の一週間、2歳児クラスに入り、前期実習ではあまり関わることが出来なかった子どもとも関わり、色々な体験をすることが出来ました。ひばり組の子はとても人なつっこく、初日から遊びの中にも入れました。先生の仕事も教えてもらい、一緒にやらせて頂き、保育士の仕事を体験することが出来ました。5日目に部分実習で絵本を読ませて頂き、一部分の保育ですがとても大変だと実感しました。絵本に集中させる言葉かけ一つが難しく、先生方に助けてもらい終わることが出来たので、とても助かりました。ゆっくり抑揚をつけて読めるように、たくさん練習しようと思います。

後半の一週間は、すみれ組で部分実習と責任実習をやらせて頂き、保育士の仕事の大変さ、子どもと接して何か発見した時の喜びを感じることができました。2歳児と比べて、何でも一人で出来、友達と一緒にたくさんの事を共感していると思いました。園庭で、年下の子どもと遊んでいる時には、優しく、一緒に遊んであげていてお兄さんお姉さんだなと思いました。部分実習ではみんな真剣に見ていてくれたのですが、最後のまとめが上手く出来ず、先生が話してくれました。紙芝居を読み聞かせるだけではなく、最後のまとめも出来るようになりたいと

（次頁に続く）

思います。

責任実習の日は早番だったのですが、おやつの片付けまでをやらせて頂きました。一つ一つをやる前の言葉かけもどう言っていいのか分からず、子どもの声もどんどん大きくなってしまいました。先生方や、気付いてくれた子どもから「すみれさん」と言えばいいと教えてもらいました。計画していた主活動では、嫌がらずやってくれたので良かったです。みんなが一緒に終わることは出来ないということを考えていなかったので、早く終わってしまった子に「どうするの？」と聞かれ、おりがみをして待っていてもらいました。一日の流れだけを計画するのではなく、子どもの様子を予測して細かいところまで考えておくことが必要だと思いました。責任実習をやらせて頂き、保育士としての大変さや責任感を学ぶことが出来たと思います。

外遊びや、土曜日の合同保育では、他のクラスの子どもとも関わり、名前を覚えてもらうことが出来たので、とても嬉しく思います。全員の名前は覚えられませんでしたが、一緒に遊んだりする中で少しでも呼ぶことが出来たので良かったです。

ひばり組では、お散歩に一緒に行かせてもらいました。ぞうさん公園に行くのをとても楽しみにしていて、着いてからもお友達や先生と一緒にいつもよりも嬉しそうに遊んでいました。ひばり組ではお昼寝をするのですが、なかなか寝ないで起きる時間に寝てしまう子もいました。寝起きに泣いてしまう子も時々いましたが、先生が優しく抱いていると落ち着いて普通の生活に戻っていて、先生は母親のような存在でもあるのだと感じました。－中略－実習で体験したこと、学んだことを大切にして、良い保育士になりたいと思います。

早番や遅番にも参加できて良かったです。遅番でも紙芝居を読ませてもらいました。全クラスが合同になった時にはひばり組の子が覚えていてくれて寄ってきてくれたのでとても嬉しかったです。

二週間、たくさんのことを体験することができ、とても良い実習になりました。ご指導、ご助言を本当にありがとうございました。（山田友美）

実習を終えての反省と感想

今回の実習で自分の困ったこと、意外だったこと、嬉しかったことなどをまとめてみましょう。また実習前にもった抱負についても思い起こし、自分なりに整理してみましょう。

氏名	吉澤奈菜

今回の実習を通して多くのことを学ばさせて頂くことができました。子どもたちは、いつも元気で楽しそうに活動をしており、逆に私が沢山の元気を貰いました。子どもたちのパワーは、本当にすごくて驚きました。今回の実習では、0歳児から5歳児のクラスにそれぞれ実習をさせて頂きました。クラスごとで学んだことや感じたことを実習をさせて頂いた順番にクラスごとで書かさせて頂きたいと思います。

まず、4歳児クラスでは、初日ということもあり、とても緊張してしまい、何をしたら良いのか分からなくなってしまいました。ですが、先生方が指示を出して下さり、少しずつですが、1日の生活の流れを理解することができました。子どもたちに「何で遊んでいるの？」と声を掛けてみると、「〇〇というゲームだよ！」と教えてくれ、「一緒にやろう！」と言ってくれました。そして、私の手作りの名札を見て、「なな先生！」と呼んでくれました。子どもたちに接していくうちに、子どもは、大人では気が付かないような小さな発見をして、それを教えに来てくれたりもしました。自由遊びで一緒に遊んで行くうちに、「あやとりしよう！」「ぬりえしよう！」などと子どもたちの方から話し掛けて来てくれました。逆に私から「先生も入れて！」と言うと、「じゃあ、一緒にこれ作ろう！」と応えてくれました。また、節分という特別な行事では、一緒に参加させて頂きました。鬼が現われたときに、一生懸命まめをまく子もいれば、怖がって泣いてしまう子がいました。子どもたちの様々な反応を観ることができて良かったです。また、まめを食べる際に、まめを食べる理由を「〇〇鬼」（自分の苦手なこと）を追い払うためだと、先生方が子どもたちに分かり易くお話をされている様子が印象的でした。次に5歳児のクラスでは、もうすぐ小学生になるという気持ちが強いことが分かりました。掃除や食事、朝の人数確認など当番制になっていることも気付きました。食事の際の「おかわりタイム」では、自分で取りに行く様子が印象に残りました。また、F の子たちが、午睡の際に、静かにするためには、どうしたらよいのかを先生と子どもたちで会議をしておりました。先生は子どもたちの意見をしっかりと聞き、「そうだね！こうすれば良いんだよね。」と実際に姿を見せて、伝えられていました。また、昼食後の「お休みタイム」では、その前に先生が子どもたち一人一人にぎゅーっとしておりました。これは、普段、先生一人対子ども大勢という関わりから、一対一の時間を作ることで、自分を大切にされたという経験から人も大切にすることに繋がっていくのではと教えて頂きました。次に、0歳児クラスでは、朝にもおやつがあることを知りました。食事の際は、アレルギーの有無でテーブルが分けられておりました。先生方が食べ物を渡すだけであまり援助がなくても、スプーンを上手に使って食べており、驚きました。1歳児クラスでは、「自分でやる！」「やだ！」という気持ちを持つ時期であることを学びました。また、こだわりが強い時期でもあり、先生方との間に強い信頼関係があることも実感しました。3歳児クラスでは、自由遊びの際に、紙に絵を描いたり、女の子は、紙でリボンを作っていた姿が印象的でした。また、食事の際に当番がいないことも気付きました。ですが、先生方に、後半の頃から食器の片付けなど簡単なことからすることを始め、上手になってきたと教えて頂きました。それと、お祝い会の「はらぺこあおむし」の練習は、とても可愛らしかったです。最後の2歳児クラスでは、1歳児に比べ、逆に「○○して。」とお願いをされることが多かったです。また、ブロックで遊ぶ際には、ブロックで大きな電車を作ったり、鉄砲を作っており驚きました。そして、私の名札を見て、「何て書いてあるの？」と聞いたり、カルタをしていた様子から、文字に興味を持ち始める時期なのかなと感じました。

今回の実習は、初めての実習で、最初は本当に緊張をしておりました。初日は、保育室に入って、子どもたちにどのように話し掛ければ良いのかなと考えてしまいました。ですが、「何で遊んでいるの？」と一言だけ話し掛けてみると、「これはね、○○っていうゲームだよ！先生もやる？」と応えてくれました。ちょっとした一言でも、子どもは初めて見た私のことを受け入れてくれるのだと感じました。とても嬉しくて、正直、涙が出てしまいそうでした。そして、そのあとの実習では、初日の経験から、積極的に、子どもたちに関わることを心掛けました。子どもたちの反応は、年齢ごとやその子によって、様々でしたが、どのクラスに入らさせて頂いても、子どもたちは本当に可愛くて、一緒に遊び、活動をする中で、多くのことを学ぶことができました。反省会でも先生方からお言葉を頂いたのですが、保育者が一番に楽しむことで、子どもたちも自然と楽しい気持ちになるということです。そして、笑顔をしっかりと見せることで、子どもたちは、「この人とだったら遊びたいな！」と感じてくれるのかなと思いました。

今回の実習の抱負として、様々な場面での先生方の対応の仕方を学ぶということを目標にしておりました。今回の実習を通して、子どもたち同士のケンカやトラブルなどの際の対応の仕方について少しずつ学ぶことができました。その経験から、今後の実習では、より子どもたちに積極的に関わり、先生方のその声掛けの意味も更に学びたいです。11日間、御指導ありがとうございました。

指導者の総評

印

大学用記入欄

実習を終えての反省と感想

今回の実習で自分の困ったこと、意外だったこと、嬉しかったことなどをまとめてみましょう。また実習前にもった抱負についても思い起こし、自分なりに整理してみましょう。

氏名	古川　裕希

初めての実習で不安で緊張し分からないこともありましたが、今回の実習では子どもたちとたくさん接することができました。また、子どもたち、先生方からたくさんのことを学びました。毎日が発見や驚き、感動の連続でした。

今回の実習では全クラスで実習させていただきました。全クラスの様々な場面を見ることができ、とても良い経験になりました。

初日の2歳児クラスではまず一日の流れを理解することから始めました。緊張していましたが子どもたちの方から歩み寄ってきてくれて、私自身子どもたちと一緒になって楽しく遊ぶことができました。そして初めて子どもたちの中の個人差というものを見ることができました。できない子どもや苦手な子どもがいてもその子どもに向上心や自信をつけてもらうことが大切であるということを学び、援助の方法などもその都度教えていただきました。またどうしてもだだをこねてしまう子どもに対しての接し方で、時には少し譲ってあげることも必要で、その子どもの中の葛藤こそが大切であるという○○先生のお話が強く印象に残っています。一人一人の個人差や子どもたちの性格やその日の状態などを理解することがいかに重要であるかを学びました。また節分の行事では悪い鬼を退治するというだけではなく、昔からの伝統を少しでも子どもたちに知ってもらいたいなど、深くて先を見通したねらいがあることに非常に驚きました。私が机に足をぶつけた時、その場にいた2人のばなな組の子どもが「大丈夫？痛いの痛いの飛んでいけ！」としてくれて、子どもの純粋さや優しさに触れることができた2日間でもありました。

3歳児クラスでは子どもたちの成長に驚くことが多くありました。裏返った服を自分で戻したり、フォークの持ち方など、発見がたくさんありました。一緒におままごとをしていた子どもにエプロンのひもを結ぶ時蝶結びを教えたところ、3回程度でできてしまったことがとても驚き印象に残っています。子どもたちの成長を真近で見ることができ、とても嬉しく思いました。また、最近は子ども同士のけんかが多くなってきているけれど、それは子どもたちが成長しているということなので保育者としては嬉しいという○○先生のお話からも、日々の子どもたちの成長を見ることができる保育士という職業は、とても素晴らしい職業なのだなと改めて感じました。新しいゲームによって子どもたちの様子を見たり、子どもたちの意見を聞いてすぐに「じゃあこうしよう」と提案する先生方を見て、保育士の在り方や臨機応変に行動することの大切さも学びました。

次に実習させていただいた5歳児クラスでは、就学前の年齢ということもあり、小学校に近い形での保育に驚きました。グループでの当番制もそうですが、○○○先生が子どもたちに温度計を見せて、その温度の上がり下がりを身を乗り出して見つめる子どもたちの姿がとても印象的でした。子どもたち自身が発言したり行動する場面が多く、子どもたちの成長を感じました。また何かトラブルがあった時には先生が子どもたち全員に伝え、子どもたち自身に考えさせていた場面を見ることができ、とても勉強になりました。子どもたち自身にやってもらうことだけではなく、保育者が仲立ちをしながら自分の意見を言うことが苦手な子どもにも自信をつけてもらうということも大切であると学びました。先生の話を真剣に聞く子どもたちの姿を見て、子どもたちとの信頼関係の大切さを学びました。少しの時間任せていただいたゲームも私にとってとても良い経験になりました。

0,1歳児のクラスでは声かけの大切さを学びました。私自身、0,1歳の子どもたちと接するのは初めてに等しく、接し方や声かけの仕方、どう遊んでいいのかなどたくさん悩んでしまいました。そんな時入野先生から「失敗していいのだからたくさん行動に移してみてください。」とお言葉をいただき、何でもいいから声に出してみようと思いました。土曜日の乳児クラスではたくさん声かけができたと思います。また、子どもの心の声をしっかりと聞いてその思いを言葉で伝えていくことが大切であり、人間関係の基礎となる大事な時期なので責任の重さも感じます、という○○先生のお話から、保育士という仕事の責任の重さや仕事の楽しさを学びました。愛着関係が築けた時の嬉しさ・喜びはとても大きく、子どものどんな気持ちも受け取めていきたいというお言葉も非常に印象的でした。

4歳児のクラスでは子どもたち自身が行動することの重要性を学びました。こちらが手伝ってしまうことは簡単だけれど、子どもたち自身が自分の力で何かをやれたという経験は非常に重要であると感じました。食事の時は私が結んであげた三角巾を、おやつの時には自分で結ぶ子どもがいました。私がアルプスいちまんじゃくの手遊びを教えた子どもは他のお友達に教えて、すぐにできるようになっていて驚きました。子どもたちのやりたいという気持ちややる気を尊重できる大人になりたいという気持ちになりました。

この2週間は子どもたちの発達の様子をじっくりと見ることができました。昨日できなかったことが今日できていたり、前のクラスでは見ることのできなかった子どもたちの新たな一面を発見したりと、成長した姿にはとても驚かされてばかりでした。子どもたちにとって同じ日というものはなく、日々成長していくことを実感しました。

また嬉しかったこともたくさんありました。子どもたちが私の名前を覚え、「ふるかわ先生」や「ゆき先生」と呼んでくれたことや、私の声かけでいちご組の子どもが笑ってくれたこと、そして私の名前を平仮名で紙に書いて見せてくれた子どももいました。子どもたちとの思い出をたくさん作ることができ、とても嬉しく思います。

　そして自分自身の至らない点を見つめ直すことのできた２週間でもありました。子どもたちの気持ちの高揚を抑えることや全体を見る上での保育者の位置、子どもたちが集中して絵本が見られる環境づくりなど、たくさんご指導をしていただきました。自分自身の知識の少なさ、浅はかさも痛感しました。中でも一番の反省点は欠勤をしてしまったことです。多くの先生方、子どもたちにご迷惑をおかけしてしまいました。申し訳ありませんでした。自分自身非常に悔しいです。

　この実習を通して、保育士という職業の責任の重さや、保育士という職業は子どもたちを笑顔にし、その子どもたちの笑顔を真近で見ることができる素晴らしい職業であると思いました。と同時に子どもの人間形成に大きな影響を及ぼす立場であるという自覚を持つことができました。今回の実習で学んだことや感じたことは次につなげ、自分の反省点は同じことを二度としないように肝に銘じ、自分の課題として取り組んでいきたいと思います。実習での嬉しかったことや感動したことなども、何年経っても忘れずに憶えていたいと思いました。また今回の実習は、自分自身の性格をも見つめ直すことができました。自分らしく笑顔を絶やさず、子どもたち一人一人の心の声を聞くことのできる保育士を目指し、努力していきたいと思います。子どもたちと楽しく過ごすことができました。２週間ご指導いただきありがとうございました。

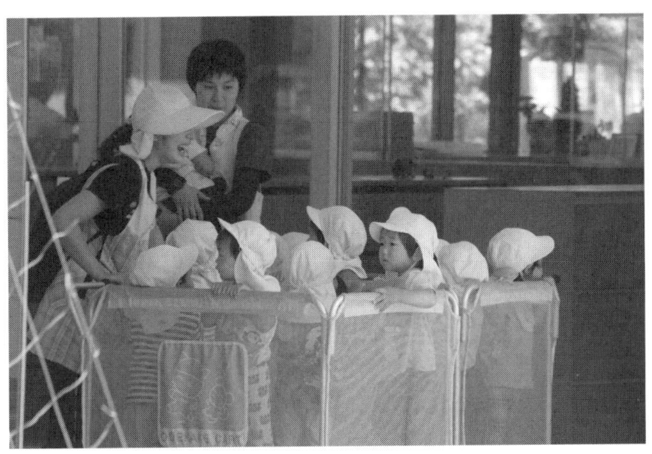

確認しましょう

よく使う漢字

1. ほいくしょほいくししん	保育所保育指針	31. ししん（健康状態を確認）	視診
2. あいさつ	挨拶	32. こうえん（こうしょ）	降園（降所）
3. ことばづかい	言葉遣い	33. さんぽ	散歩
4. じっしゅうにっし	実習日誌	34. ぼうし	帽子
5. しゅっきんぼ	出勤簿	35. ちいき	地域
6. かだい	課題	36. えんがいほいく	園外保育
7. ほいくほうしん	保育方針	37. きけん	危険
8. がいよう	概要	38. しいく	飼育
9. えんかく	沿革	39. さいばい	栽培
10. クラスへんせい	クラス編成	40. きょうざいだな	教材棚
11. たんとうせい	担当制	41. ほんだな	本棚
12. かんきょうこうせい	環境構成	42. せいさくぶつ※	制作物・製作物
13. りゃくず	略図	43. つみき	積み木
14. はいちず	配置図	44. あとかたづけ	後片付け
15. いちかんけい	位置関係	45. はいせつ	排泄
16. えんてい	園庭	46. オムツこうかんだい	オムツ交換台
17. ゆうぐ	遊具	47. きがえ	着替え
18. ほいくしつ	保育室	48. きゅうけい	休憩
19. ちょうにゅうしつ	調乳室	49. そうじ	掃除
20. もくよくしつ	沐浴室	50. えいせいてき	衛生的
21. かんき（空気の入れかえ）	換気	51. しょくいく	食育
22. えんじょ	援助	52. りにゅうしょく	離乳食
23. はったつかてい	発達過程	53. はいぜん	配膳
24. ようご	養護	54. すいみん	睡眠
25. じょうちょ	情緒	55. きほんてきせいかつしゅうかん	基本的生活習慣
26. はあく	把握	56. いふくのちゃくだつ	衣服の着脱
27. えんかつ	円滑	57. どうにゅう	導入
28. こじんさ	個人差	58. てんかい	展開
29. とくちょう	特徴	59. どうきづけ	動機付け
30. とうえん（とうしょ）	登園（登所）	60. こそだてしえん	子育て支援

※制作物は、製作物と書いている保育者もいます。かつての慣例の名残です。
本書でも「製作」と表記しています。園の指導に従いましょう。

19 こんなときどうする

1 遅刻・早退等

遅刻・早退・欠勤は極力避けるべきであることは、いうまでもありません。しかし、やむを得ず事情が発生したときは、速やかに実習先の主任、担任保育者宛に電話（事前にわかっている場合は書面など）で伝え、許可を得ます。

実習中は、実習先と学校の電話番号を常に携帯するようにしましょう。

実習先に連絡をした後、必ず学校の実習担当にも事情を説明し、許可を受けたことを連絡します。学校への連絡を怠ると、学校側の責任が問われ、信用を傷つけることになります。

事後は、出勤したときに園長先生をはじめ主任、担任の保育者にきちんとあいさつをしましょう。また、不足した時間（あるいは日数）分の延長実習を申し出ましょう。その場合も、学校へ連絡しましょう。

※事後の処置については、養成校によって手続きが異なります。不明な点は事前のオリエンテーションで確認しておきましょう。

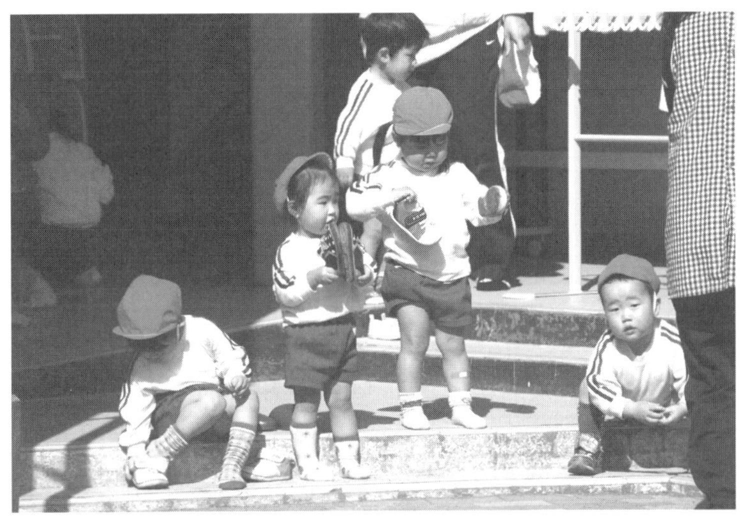

2 どんな質問をしたらよいのか？

1日の実習が終わると、担任保育者から「何か質問はありますか」と聞かれ、何を質問すればよいのかわからなくて困ってしまったという話をよく聞きます。初めての実習であれば、何がわからないのかさえわからないのも頷けます。保育者の立場から実習生によく学んでほしいこと、質問してほしいことは次のようなものです。

①0歳児

0歳児は、月齢による個人差が大きいので、月齢に応じた保育者のかかわり方を、よく見ておきましょう。

○言葉掛けの大切さ
○どんな時にほめたり、叱ったりしているのか
○だっこについて

また、子どもの泣き方の特徴についても理解しておくことが大切です。

②1歳児

まだ個人差があるのが特徴です。この時期は生活習慣の基礎ができてくるので、自立できるような援助をしています。自分でできることは自分でさせ、それを補う援助についてみてみましょう。

○食事のときの、タイミングをとらえた介助、励まし
○衣服の着脱のときの言葉掛け、衣服や環境の工夫

また、言葉が完成する時期でもあります。保育者の子どもに対する言葉づかいについても学びましょう。

③2歳児

2歳児は自己中心的な動きが多く、一人一人が好きな遊びをしています。それに対し保育者はどんなかかわり方をしているのでしょうか。

○「つもり遊び」を十分に楽しませるためにどのようにしているのか
○言葉よりも先に手が出てしまいがちなけんかの特徴をつかんだかかわり方

また、排泄の自立を促す時期でもあります。おもらしが多いですが、失敗したときにはどのようにかかわり、成功したときにはどのようにほめているのでしょうか。

④３歳児

３歳児は、これまでは保育者との関係を中心に行動していた子どもも、一人の独立した存在として動こうとし、自我がよりはっきりしてきます。しかし、それをうまく表現や行動に表すことができないところもあります。

○一人一人の子どもの発達に注目しながら、やさしく受け止める配慮
○けんかの対応
○子どもとの会話などから保育者のかかわりを考える

⑤４歳児

４歳になると、友達をはじめ「人の存在」をしっかり意識できるようになります。友達と一緒に行動することに喜びを見出し、一方で、けんかやゆずり合いなど人間関係の葛藤にも悩むときです。

○集団生活の展開に対する保育者の留意点
○特別な行動をする子どもへの発達過程の理解、適切なかかわりについて

⑥５歳児

毎日の生活をとおして、自主性や自律性が育ってきます。さらに、集団での生活も充実し、より一層仲間の存在が重要になり、きまりの意味も理解できるようになります。また、大人の生活にも目を向けることができるようになってきます。

○子どもが安定して自己を十分に発揮できるような配慮
○子どもの社会性を育てるためにどのような援助をしているのか

といった保育者の姿勢と子どもへのかかわりの視点をみましょう。

◇ワンポイントアドバイス⑦：ここをチェックしています‼◇

保育所実習中の訪問指導の際に担当教員が実習担当保育者より指導される主な内容は、以下の４点です。参考にしてみてください。

①実習日誌の記入について・・・実習生の「気付き」を記入してほしい。
②実習生の言動について・・・子どもが真似をしてもいい言葉、動きか、振り返ってみてほしい。
③早番、遅番なども積極的に体験してほしい。
④日誌などの提出物の期限を守ってほしい。

その他（番外編）：実習中、実習後に携帯電話がつながらなくなる学生がいる（連絡がとれなくなる）、柔軟剤の香りが強い学生がいる

20 手遊びについて

手遊びは、口から口へと伝わるので、同じ手遊びでも園によってやり方が違う場合があります。園の遊び方に合わせて遊ぶようにしましょう。部分実習などでやらせていただく場合、担任の先生に早めに相談するとよいでしょう。

手遊びをする際に、「イメージをふくらませて遊んで欲しいな」「リズミカルな動きを楽しみたいな」といった願いを持って遊びましょう。子どもたちへの働きかけ（言葉掛けや対応）が違ってきます。自信を持って子どもたちと楽しめるように、よく練習をしておきましょう。

以下に紹介する手遊びは、どの曲も実際に実習生が保育所で子どもと楽しめたというものばかりです。

手遊びは、1つでもたくさんできるようにしていると、“いざという時”に安心です。ここに紹介した手遊びをすべてマスターするつもりで、楽しみながら準備を進めましょう。

はじまるよ

作詞・作曲＝不詳

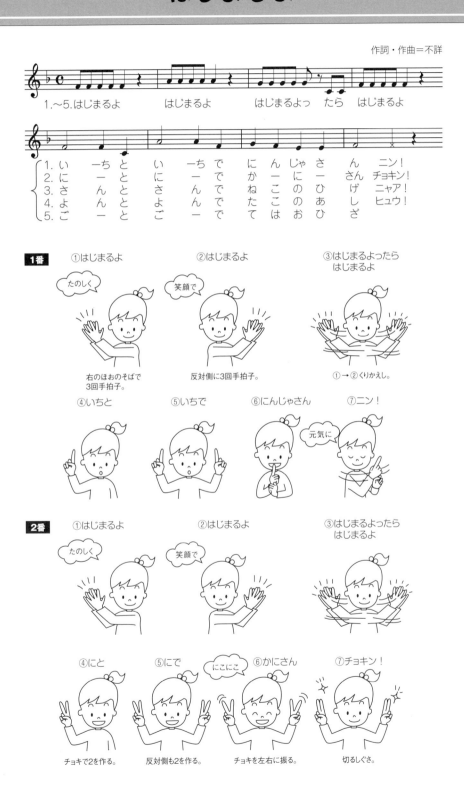

1.～5.はじまるよ　はじまるよ　はじまるよっ　たら　はじまるよ

1. いーちと　いーちで　にんじゃさん　ニン！
2. にーと　にーで　かーにーさん　チョキン！
3. さんと　さんで　ねこのひげ　ニャア！
4. よんと　よんで　たこのあし　ヒュウ！
5. ごーと　ごーで　てはおひざ

1番

①はじまるよ

たのしく

右のほおのそばで3回手拍子。

②はじまるよ

笑顔で

反対側に3回手拍子。

③はじまるよったら
はじまるよ

①→②くりかえし。

④いちと

⑤いちで

⑥にんじゃさん

⑦ニン！

元気に

2番

①はじまるよ

たのしく

②はじまるよ

笑顔で

③はじまるよったら
はじまるよ

④にと

チョキで2を作る。

⑤にで

反対側も2を作る。

⑥かにさん

にこにこ

チョキを左右に振る。

⑦チョキン！

切るしぐさ。

やさいのうた

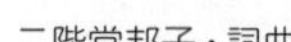
二階堂邦子・詞曲

1. ト マ ト は トントントン キャ ベ ツ は キャ キャ キャ
2. ピ ー マン は ピッピッピッ カ ボ チャ は チャ チャ チャ

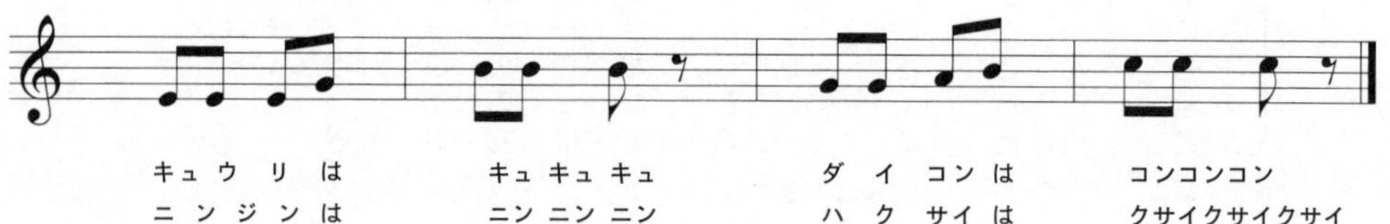
キュ ウ リ は キュ キュ キュ ダ イ コン は コンコンコン
ニ ン ジ ン は ニン ニン ニン ハ ク サイ は クサイクサイクサイ

①トマトはトントントン

②キャベツはキャッキャッキャッ

③キューリはキュッキュッキュッ

④ダイコンはコンコン

⑤ピーマンはピッピッピッ

⑥かぼちゃはチャチャチャ

・両手で指鳴らしのポーズ

⑦ニンジンはニンニンニン

・ひとさし指を立てて、忍者のポーズ

⑧ハクサイはクサイクサイクサイ

※ゆっくりしたテンポで動きを覚えて楽しみましょう。

グー・チョキ・パーでなにつくろう

フランスのうた

♩=108
F
グー チョキ パー で グー チョキ パー で なに つく ろう なに つく ろう (𝄽)
F C7 F C7 F
み ぎ てはグー で ひだり て はチョ キ で かたつむり (𝄽) かたつむり

①グー・チョキ・パーで　グー・チョキ・パーで

②なにつくろう　なにつくろう

③みぎてはグーで　ひだりてはチョキで

④かたつむり　かたつむり

※“チョキ”が無理なくできるようになった子どもたちとやってみましょう。

いっぽんばし　いっぽんばし

湯浅とんぼ 作詞・中川ひろたか 作曲

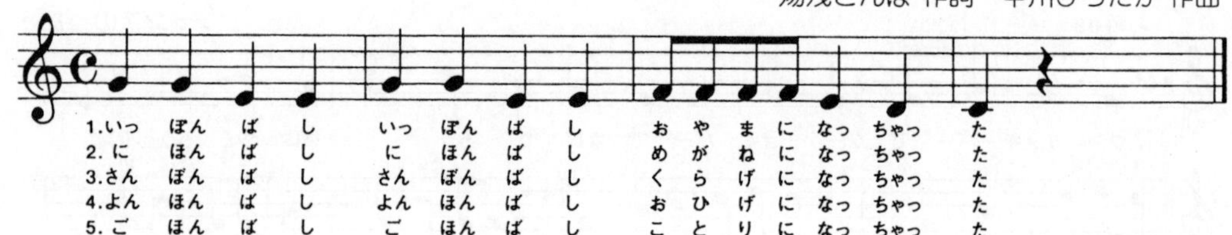

1.いっ ぽん ば し いっ ぽん ば し お や ま に なっ ちゃっ た
2. に ほん ば し に ほん ば し め が ね に なっ ちゃっ た
3.さん ぼん ば し さん ぼん ば し く ら げ に なっ ちゃっ た
4.よん ほん ば し よん ほん ば し お ひ げ に なっ ちゃっ た
5. ご ほん ば し ご ほん ば し こ と り に なっ ちゃっ た

①いっぽんばし

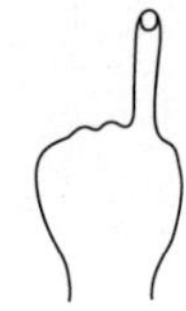

②いっぽんばし

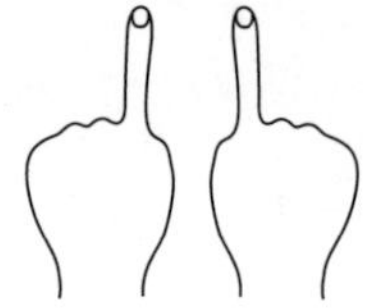

③おやまになっちゃった

①にほんばし

②にほんばし

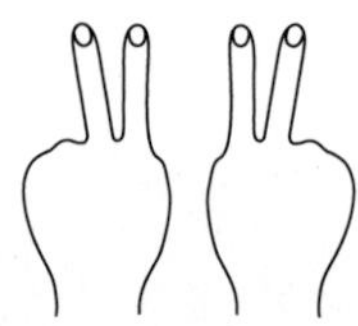

③めがねになっちゃった

①さんぼんばし

②さんぼんばし

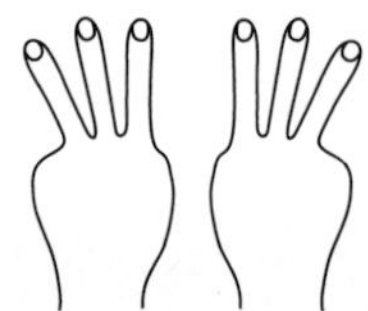

③くらげになっちゃった

①よんほんばし

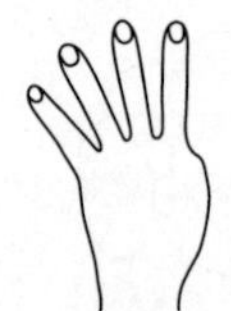

②よんほんばし

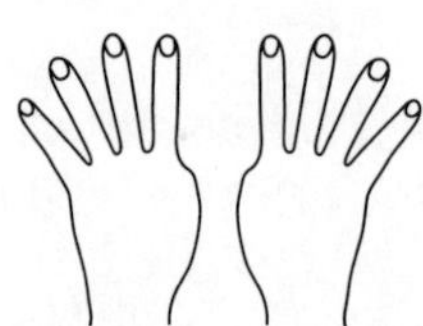

③おひげになっちゃった

①ごほんばし

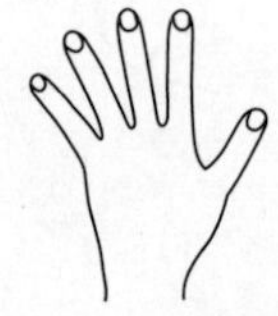

②ごほんばし

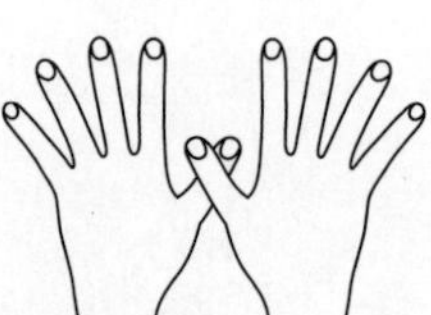

③ことりになっちゃった

※指で１から５までが簡単に出せるようになると楽しくできます。

ふうせん

湯浅とんぼ 作詞・中川ひろたか 作曲

C F G7 C
1. きいろいふうせん ルルルー そっとかぜにあげたらー
2. あかいふうせん ルルルー そっとかぜにあげたらー
フ
Am Em F G7 C
ワフワー フワフワー
きいろいちょうちょになった
あかいとんぼになった

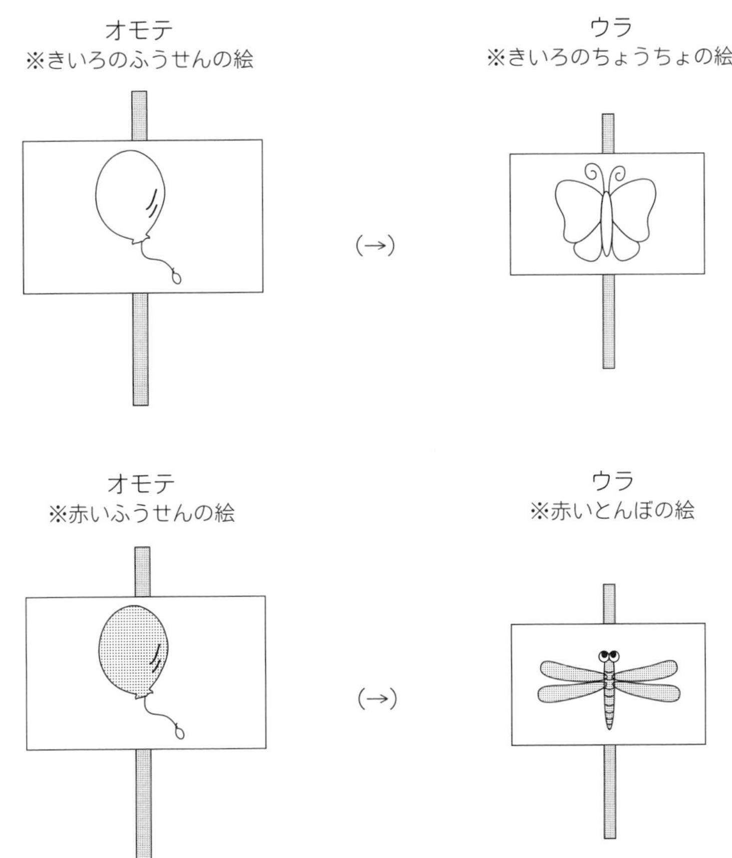
オモテ
※きいろのふうせんの絵
ウラ
※きいろのちょうちょの絵
(→)
オモテ
※赤いふうせんの絵
ウラ
※赤いとんぼの絵
(→)

※こんなパネル（ペープサート）を用意して、歌詞に合わせて動かしながら歌うと効果的です。

コロコロたまご

作詞・作曲＝不詳

1番

①コロコロたまごは
両手をグーにして胸の前でぐるぐるまわす。

②おりこうさん
左手はグーのままにし、右手でなでてあげる。

③コロコロしてたら
①と同じ動き。

④ひよこになっちゃった
両手の親指と人さし指をつけたり離したりする。

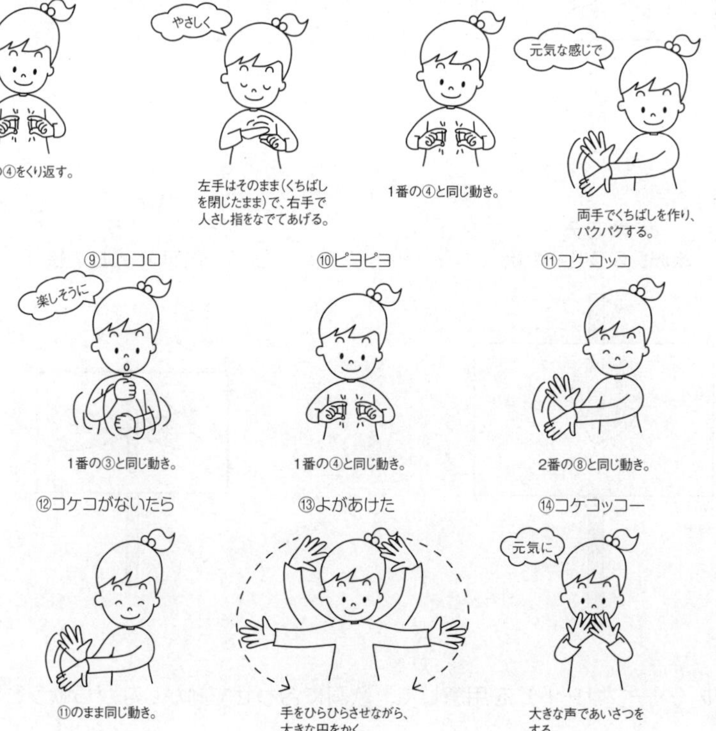

2番

⑤ピヨピヨひよこは
1番の④をくり返す。

⑥おりこうさん
左手はそのまま（くちばしを閉じたまま）で、右手で人さし指をなでてあげる。

⑦ピヨピヨしてたら
1番の④と同じ動き。

⑧コケコになっちゃった
両手でくちばしを作り、パクパクする。

⑨コロコロ
1番の③と同じ動き。

⑩ピヨピヨ
1番の④と同じ動き。

⑪コケコッコ
2番の⑧と同じ動き。

⑫コケコがないたら
⑪のまま同じ動き。

⑬よがあけた
手をひらひらさせながら、大きな円をかく。

⑭コケコッコー
大きな声であいさつをする。

いわしのひらき

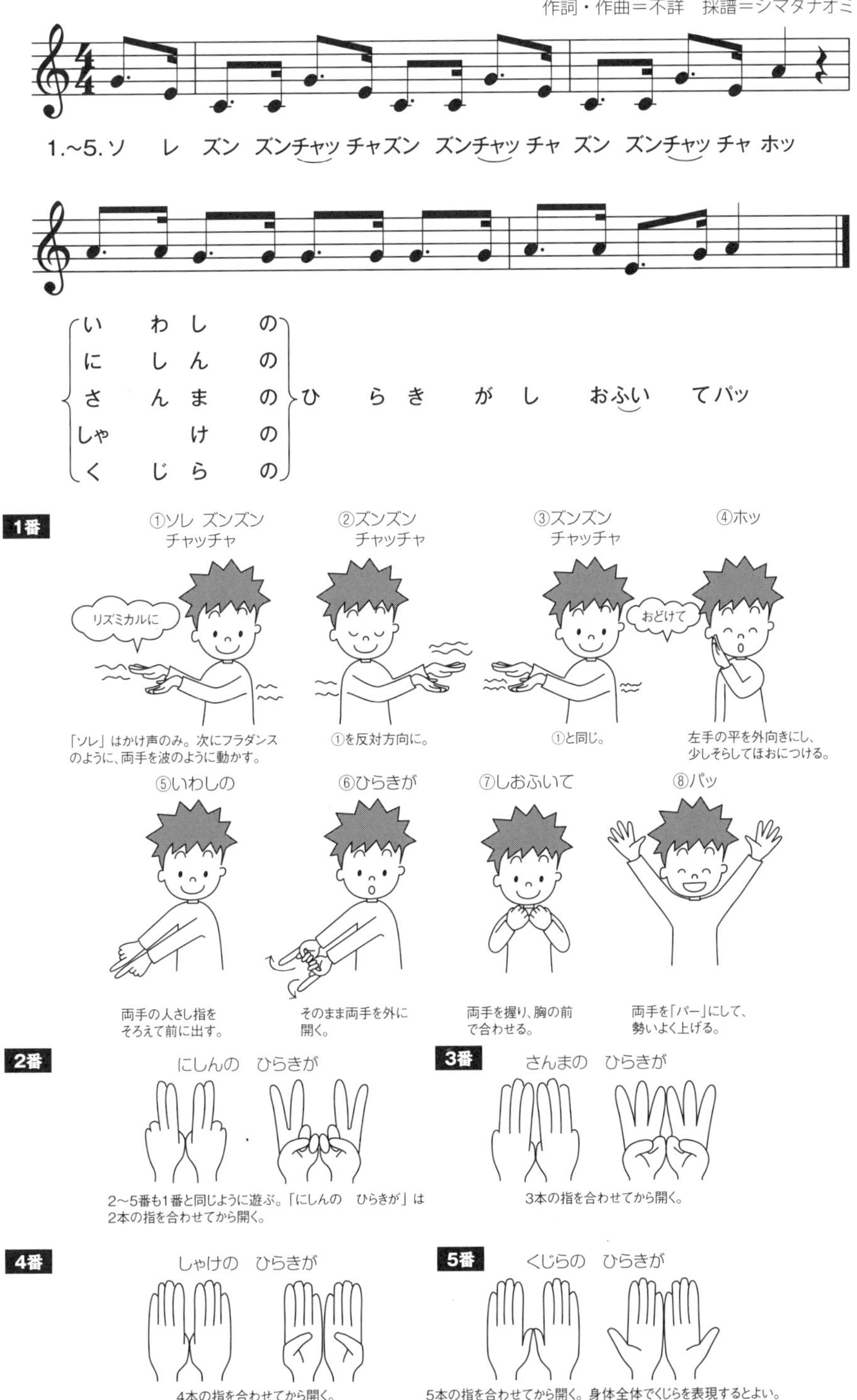
作詞・作曲＝不詳　採譜＝シマダナオミ
1.～5. ソ　レ　ズン　ズンチャッ　チャズン　ズンチャッ　チャ　ズン　ズンチャッ　チャ　ホッ
いわしの／にしんの／さんまの／しゃけの／くじらの　ひらきが　しおふいて　パッ
1番
①ソレ ズンズン チャッチャ
リズミカルに
「ソレ」はかけ声のみ。次にフラダンスのように、両手を波のように動かす。
②ズンズン チャッチャ
①を反対方向に。
③ズンズン チャッチャ
①と同じ。
④ホッ
おどけて
左手の平を外向きにし、少しそらしてほおにつける。
⑤いわしの
両手の人さし指をそろえて前に出す。
⑥ひらきが
そのまま両手を外に開く。
⑦しおふいて
両手を握り、胸の前で合わせる。
⑧パッ
両手を「パー」にして、勢いよく上げる。
2番
にしんの　ひらきが
2～5番も1番と同じように遊ぶ。「にしんの　ひらきが」は2本の指を合わせてから開く。
3番
さんまの　ひらきが
3本の指を合わせてから開く。
4番
しゃけの　ひらきが
4本の指を合わせてから開く。
5番
くじらの　ひらきが
5本の指を合わせてから開く。身体全体でくじらを表現するとよい。

21 絵本の選び方

絵本は、どの年齢にどの本でなければならないといった「○歳には絶対にその本」ということはありません。けれども、低年齢の子どもに対して内容が理解できない絵本を与えてもあまり意味がありません。子どもは感覚で楽しむこともありますので、子どもが喜ぶ絵本は、年齢を超えるものもあるでしょう。大切なのは、保育者と子どもが絵本をとおして、お話の世界を楽しみ、イメージを豊かにできる絵本の選択と空間の設定であるといえます。

保育者（実習生）がより多くの絵本に触れ、子どもたちと共有したい絵本の世界を見出して絵本を選択しましょう。

実習生が読み聞かせをする場合、以前にその絵本を子どもたちは見たことがあるか、ないかを担任の先生に伺って、導入の言葉掛けなどを考えるようにしましょう。

子どもに読んであげたい絵本の一部を紹介します。なお、子どもの年齢・実態・季節・保育の流れの中で、どんな絵本がふさわしいのかを考えて選びましょう。

【0歳から1歳頃】

例『いないいないばあ』〈松谷みよ子（文）・瀬川康男（絵）、童心社〉
『いいおかお』〈松谷みよ子（文）・瀬川康男（絵）、童心社〉
『おふろでちゃぷちゃぷ』〈松谷みよ子（文）・岩崎ちひろ（絵）、童心社〉
『どうすればいいのかな？』〈渡辺茂男（文）・大友康夫（絵）、福音館〉
『かばくん』〈岸田衿子（作）・中谷千代子（絵）、福音館〉
『赤ちゃん版ノンタンシリーズ』〈キヨノサチコ（作）、偕成社〉
『わんわん　わんわん』〈高畠純（作・絵）、理論社〉
『おひさま　あはは』〈前川かずお（作）、こぐま社〉
『だるまさんが』〈かがくいひろし（作）、ブロンズ新社〉
『がたん　ごとん　がたん　ごとん』〈安西水丸（作）、福音館〉

【2歳から】

例『こぐまちゃん絵本シリーズ』〈わかやまけん（作）、こぐま社〉
『きんぎょがにげた』〈五味太郎（文）（絵）、福音館〉
『かくれんぼかくれんぼ』〈五味太郎（文）（絵）、偕成社〉

『とりかえっこ』〈さとうわきこ（作）・二俣英五郎（絵）、ポプラ社〉
『ノンタンシリーズ』〈キヨノサチコ（作）、偕成社〉
『はけたよはけたよ』〈神沢利子（文）・西巻茅子（絵）、偕成社〉
『ぐりとぐら』〈中川李枝子（文）・大村百合子（絵）、福音館〉
『ねずみさんのながいパン』〈多田ヒロシ（作）、こぐま社〉
『いろいろバス』〈ツペラツペラ（作）、大日本図書〉

【3歳から】

例『だるまちゃんとてんぐちゃん』〈加古里子（文）（絵）、福音館〉
『タンタンのずぼん』〈岩村和朗（文）（絵）、偕成社〉
『おおきなかぶ』〈内田莉子（再話）・佐藤忠良（絵）、福音館〉
『そらまめくんとめだかのこ』〈なかやみわ（作）（絵）、福音館〉
『どうぞのいす』〈香山美子（作）・柿本幸造（絵）、ひさかたチャイルド〉
『14ひきシリーズ』〈岩村かずお（作）（絵）、童心社〉
『てぶくろ』〈ウクライナ民話　エウゲーニー・M・ラチョフ（絵）
内田莉沙子（訳）、福音館〉
『おたすけこびと』〈なかがわちひろ（文）・コヨセ・ジュンジ（絵）、徳間書店〉
『できるかな？あたまからつまさきまで』〈エリック・カール（作・絵）
くどうなおこ（訳）、偕成社〉
『ぶたのたね』〈佐々木マキ（作）、絵本館〉

【4歳から5歳頃】

例『三びきやぎのがらがらどん』〈せたていじ（訳）
マーシャ・ブラウン（絵）、福音館〉
『おふろだいすき』〈松岡享子（作）・林明子（絵）、福音館〉
『ひとまねこざる』〈H.A. レイ、M. レイ（文）（絵）・光吉夏弥（訳）、岩波書店〉
『11ぴきのねこ』〈馬場のぼる（作）（絵）、こぐま社〉
『そらいろのたね』〈中川李枝子（文）・大村百合子（絵）、福音館〉
『からすのパンやさん』〈かこさとし（文）（絵）、偕成社〉
『ともだちや』〈内田麟太郎（作）・降矢なな（絵）、偕成社〉
『おしいれのぼうけん』〈ふるたたるひ・たばたせいいち（作）、童心社〉
『どろんこハリー』〈ジオン（文）・グレアム（絵）・渡辺茂男（訳）、福音館〉
『スイミー』〈レオ・レオニ（作）、好学社〉
『ふるやのもり』〈今江祥智（文）・松山文雄（絵）、ポプラ社〉

先輩の感想から③

前期実習では、0歳～5歳までの子ども達と関わることができ、とても賃重な経験をさせて頂きました。はじめは、どの様に子どもと接してよいかわからず、ボーっとしてしまうこともありました。けれども、日を重ね先生方からアドバイスを頂いているうちに、自然に子ども達の輪に入れる様になりました。○○保育園の先生方は、実習生の気持ちを良く考えてくれて、困った時やわからない事など、その都度教えてくださいました。

後期実習では、絵本を練習なしで読むということを指示され、とまどいましたが、先生のやり方を思い出して落ち着いて読むことができました。部分実習と責任実習は、当日も大変でしたが、準備が大変でした。前日は、日誌と準備であまり寝ずに実習に望みました。辛かったことは、沢山ありましたが、“大好き”と言ってくれる子や楽しそうに遊んでいる子を見て保育者という職業のすばらしさを改めて感じました。

次年度実習生への連絡事項・申し送り事項等

○その時期に歌っている歌を聞いておき、楽譜のコピーを早めにもらって練習しておくといいです。

○コップやお箸など、キャラクターもののかわいらしいものにすると、昼食時に子ども達と会話がはずみます。

○部分実習と責任実習の指導案は、初日に先生に見てもらうことも考慮して、実習が始まる前に準備しておいた方がいいと思います。

（蜂須彩乃）

Ⅳ 実習の後で

22 実習反省会について

実習の終了日前後にはほとんどの園で、園長、実習担当保育者と実習生による反省会が行われます。

実習生としての自分を振り返り、自分を見直す大切な機会でもあります。厳しいアドバイスがあるかもしれませんが、素直に受けとめ、反省点を次への課題として前向きに活かしていきましょう。

反省会の前には、次のような点について、自分の考えをまとめておきましょう。

1 実習全期間をとおしての反省

○子どもとのかかわり

　子どもと一緒に十分に遊べたか、適切な援助ができたか

○準備に関して

　事前の準備は十分にできていたか

○保育者の立場としての自分はどうであったか

　1日の流れを見通して動くことができたか

　子どものモデルとしてどうであったか

○健康管理

　風邪をひいたり、具合が悪くなったりしなかったか

　欠勤・遅刻・早退について

2 実習中、印象に残っていること

たとえば、

○子どもたちとの遊び

○部分実習、責任実習

などでのエピソードをまとめましょう。

それについて、どう感じたのか、何を学んだのかを詳しく述べます。

※「実習前は不安で仕方がありませんでした。でも、子どもが“遊ぼう”と言ってくれて楽しく遊べました」のような感想を持つ実習生が多いようです。けれども、保育実習後の反省会ですから、実習で何を学んだのかという視点が必要です。

③ 保育者から学んだこと

毎日、担任の保育者から多くのことを学びました。「さすが、現場の先生は違うなあ」と感心させられたことを思い出してください。

たとえば、

○子どもへの言葉掛け
○けんかの仲裁
○衛生・安全面への配慮
○保護者とのかかわり

など、その中からいくつかを取りあげておくとよいでしょう。

（⇒ 先輩の感想から①～③参照）

23 実習園へ実習日誌を提出するときの留意点

実習最終日を迎え、実習中にその日の記録を記入できた場合は、実習日誌を提出してきます。また、最終日の分は家に帰ってから記録する場合は、翌日に実習日誌を提出に行きます。その際には、“受け取りにはいつ伺えばよいか”を必ず確認しましょう。

また、郷里で実習をした場合は、学校への提出期限日を確かめて、自宅の住所・氏名を記入した返信用のレターパック※または封筒（実習日誌が入る大きさで、切手を貼ること）を用意し、いつまでに返送していただきたいのかをお願いしましょう。

※レターパックが便利です。実習期間に入る前に購入しておくとよいでしょう。

24 お礼状の書き方

実習期間中のさまざまな出来事を思い出しながら、お世話になった園長先生をはじめ担任保育者に、お礼の気持ちを書きましょう。お礼状は、実習後2週間以内に実習園に届くように出しましょう。

同じ学校から何人か一緒に実習に行ったとしても、お礼状は一人一人が書くとよいでしょう（ただし、養成校によって考え方が異なりますので、実習指導の先生の指示に従って書きましょう）。目上の人に差し出すのですから、失礼のないように必ず封書で出しましょう。便箋と封筒は、白の無地（罫線あり・イラストなし）のものを使用し、下書きをして誤字脱字のないように確かめたうえでていねいに清書をするとよいでしょう。1枚で書き終わった場合は、もう1枚便箋を重ねるのがマナーです。少しでも自信のない漢字や言葉があったら、必ず国語辞典等で確認するようにしましょう。

お世話になったお礼の気持ちと、実習中に学んだこと、感動したことなどを「です・ます調」で自分なりの表現で誠実に心をこめて書きましょう。

＜便箋の折り方＞

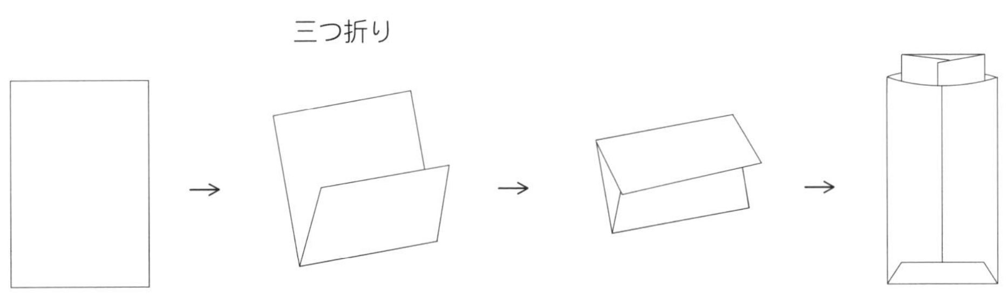

便箋は下から3分の1を折り、
次に上を折り下げる。
封筒には書き出しが上にくるように
入れる。

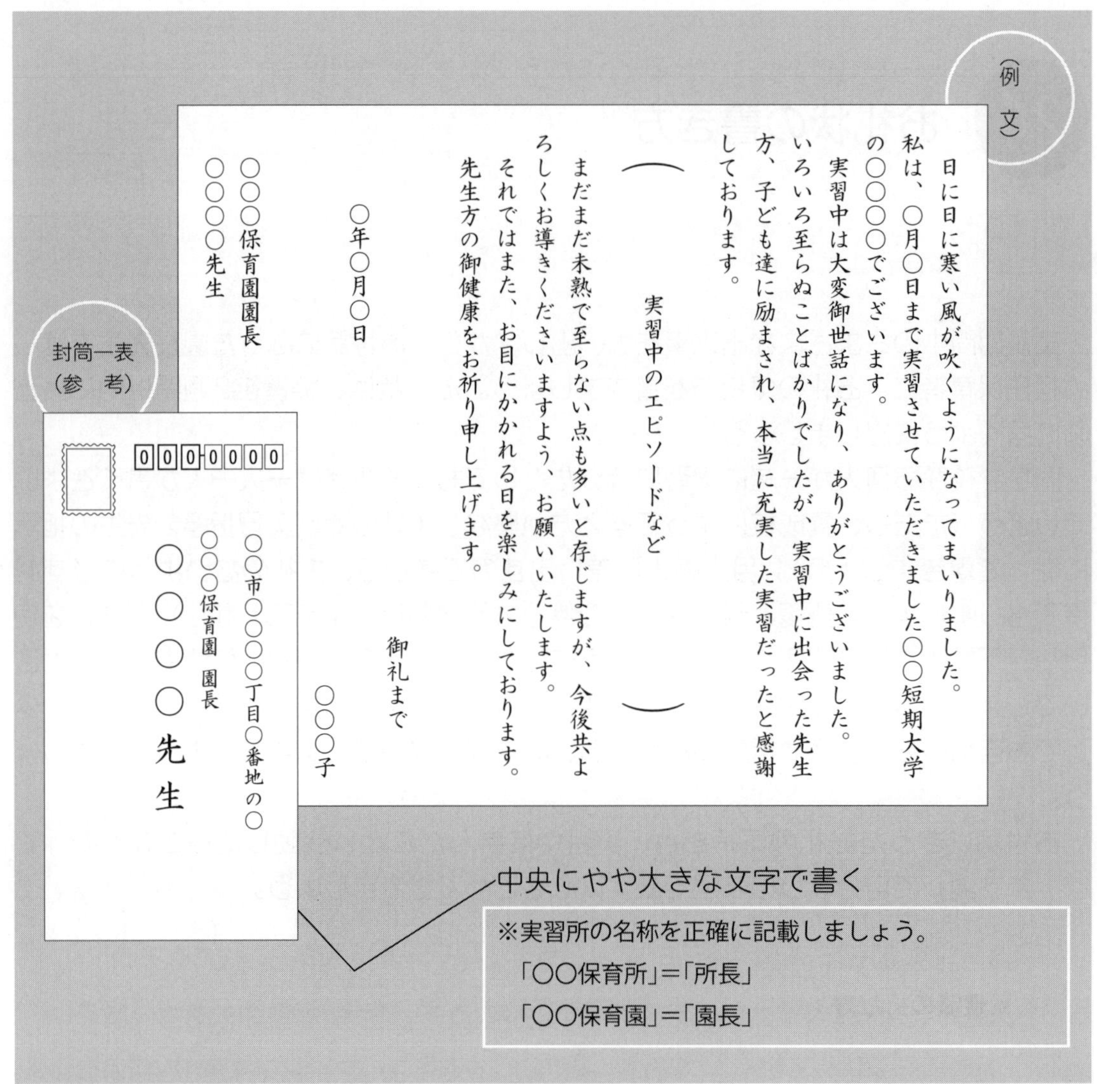
（例文）

日に日に寒い風が吹くようになってまいりました。
私は、○月○日まで実習させていただきました○○短期大学の○○○○でございます。
実習中は大変御世話になり、ありがとうございました。
いろいろ至らぬことばかりでしたが、実習中に出会った先生方、子ども達に励まされ、本当に充実した実習だったと感謝しております。

（実習中のエピソードなど）

まだまだ未熟で至らない点も多いと存じますが、今後共よろしくお導きくださいますよう、お願いいたします。
それではまた、お目にかかれる日を楽しみにしております。
先生方の御健康をお祈り申し上げます。

御礼まで

○○○子

○年○月○日

○○○保育園園長
○○○○先生

封筒一表（参考）

000-0000
○○市○○○○丁目○番地の○
○○○保育園　園長
○○○○先生

中央にやや大きな文字で書く

※実習所の名称を正確に記載しましょう。
「○○保育所」＝「所長」
「○○保育園」＝「園長」

※実習園へのお礼について

原則として、実習生が実習園や子どもに対して物品（菓子折り、商品券など）を渡さないようにしましょう。実習園によっては、お礼の品を一切受け取らないところもあります。養成校によって、お礼の方法が違いますので、よく確かめておくとよいでしょう。お礼に渡してもよいものは、子どもたちへの手紙や、手作りのプレゼント（折り紙などで作ったペンダントや動物など）です。実習中に使ったペープサートや指人形などもよいでしょう。

25 実習の経験をどう活かすか

1 実習日誌の提出

実習園から、実習最終日の助言と実習全般にわたる指導・講評を記入していただき、園長の押印の後、実習日誌が返還されます。実習日誌が返ってきたら、一度全体をとおして読み返してみましょう。指導・助言などを見て、改めて学んだこと気づいた点などを、加筆しておく（色を変えて記入するなど工夫するとよい）と、“実習生としての今しかできない”内容の充実した日誌になります。

完成した実習日誌は、決められた期限までに養成校に提出します。実習日誌と一緒に出勤簿や報告書などを提出することもありますので、よく確かめて必要な書類はすべてそろえるようにしましょう。

2 実習園からの評価など

実習終了後しばらくすると、養成校に実習園からの評価（「実習評価報告書」「評価表」等）が送られてきます。実習態度・意欲・指導計画の立案および実践・日誌の記載他と総合評価が記載されています。養成校によって、園からの評価を実習生に伝える機会や方法は違うと思いますが、実習園からの評価内容がわかったら、よかった点はさらに伸ばし、不足していることや反省点は改善してその後に活かせるようにしましょう（※評価票　P.158、162参照）。

また、養成校によっては「自己評価表」（チェックリスト）を使って実習を振り返り、今後の課題を見つけ出し、次の実習や就職活動へつなげています。

保育実習Ⅰ（保育所等）評価票（例）

実習施設名		施設長名		実習指導担当保育士名	
		㊞		㊞	
実習生	学年　　クラス	学籍番号		氏　名	
実習期間	年　　月　　日（　　）～　　年　　月　　日（　　）				
勤務状況	出勤日　　日	欠勤日数　　日	遅刻数　　回	早退数　　回	

項目	評価の内容	評価上の観点	評価（該当するものの□にチェック） A	B	C	D
態度	意欲・積極性	・指導担当者からの指示を待つばかりでなく、自分から行動している。 ・積極的に子どもとかかわろうとしている。　など	□	□	□	□
	責任感	・十分な時間的余裕を持って勤務開始できるようにしている。 ・報告・連絡・相談を必要に応じて適切に行っている。　など	□	□	□	□
	探究心	・日々の取り組みの中で、適切な援助の方法を理解しようとしている。 ・日々の取り組みの中で、自己課題を持って実習に臨んでいる。　など	□	□	□	□
	協調性	・自分勝手な判断に陥らないように努めている。 ・判断に迷うときには、指導担当者に助言を求めている。　など	□	□	□	□
知識・技術	保育所等の役割と機能	・保育所等における子どもの生活と保育士の援助や関わりについて理解できている。	□	□	□	□
		・保育所保育指針に基づく保育の展開について理解できている。	□	□	□	□
	子どもの理解	・子どもとの関わりを通した観察と記録作成による具体的な子ども理解ができている。	□	□	□	□
		・子どもの発達過程について具体的な理解ができている。	□	□	□	□
		・子どもへの積極的な関わりや具体的な援助ができている。	□	□	□	□
	保育内容・保育環境	・保育の計画に基づいた保育内容の実際について理解できている。	□	□	□	□
		・子どもの発達過程に応じた保育内容の実際について理解できている。	□	□	□	□
		・子どもの生活や遊びと実際の保育環境の関連性について理解できている。	□	□	□	□
		・実際の子どもの健康管理や安全対策について理解できている。	□	□	□	□
	保育の計画、観察、記録	・全体的な計画と指導計画及び評価の関連について理解できている。	□	□	□	□
		・記録に基づく省察と自己評価ができている。	□	□	□	□
	専門職としての保育士の役割と職業倫理	・専門職としての保育士の業務内容について具体的に理解できている。	□	□	□	□
		・職員間の役割分担や連携・協働について具体的に理解できている。	□	□	□	□
		・専門職としての保育士の役割と職業倫理について具体的に理解できている。	□	□	□	□
総合所見	（できていたこと、今後課題になること）	総合評価（該当するものに○）	実習生として A：非常に優れている B：優れている C：適切である D：努力を要する			
			※大学側評価欄 実習指導者氏名 印			

記入要項
1．評価基準は以下の通りです。
A：実習生として非常に優れている　B：実習生として優れている　C：実習生として適切である　D：実習生として努力を要する
総合所見では、実習を通して学生ができていた点、今後の課題となる点などを記入してください。

3 実習を振り返る（反省のポイント）

実習の振り返りは、新たな学習課題を明確にするために重要です。それによって、授業で学んだことと、実践で学んだことを統合して、実践力や応用力を高めることができます。実習内容の1つひとつについて、どこまでできたのか、到達度を評価するとともにできなかったことを反省し、今後の課題を見つけることが大切です。

振り返りの機会は、自ら日誌を見ながら振り返るほかに、実習園での反省会（P. 152参照）があります。養成校の多くでは、お互いに体験を報告しあって実習を振り返る機会を設けています。以下の点に留意して、しっかりと実習を振り返りましょう。

①子どもから学んだこと

保育は子どもが中心であり、子どもから学ぶという姿勢が最も重要です。実習中に体験した子どもとのかかわり、嬉しかったこと、感動したこと、心揺さぶられたことなどをもう一度思い出し、追体験してみましょう。そのときの自分の対応が正しかったのか、反省点は何かを探ることで、保育者としての体験が深まっていきます。

②保育者から学んだこと

先輩の保育者から学んだこともたくさんあるはずです。自分との違いがどこにあるのかを改めて考えてみましょう。単に慣れているから、保育技術が優れているからだけではないはずです。子どもの行動や心情を理解し、予測することが適切な行動や援助につながっていることを理解しましょう。

③自分の保育観を構築する

実習は、自分を見つめ直す機会です。自分のよいところを見つけることで、それを十分に発揮できるようになるのです。人を援助するためには、自分を客観的に見つめ、自分自身をコントロールする力が必要なのです。

このように、自分を見つめ直すことで、自分自身の保育観を構築することができるようになっていきます。

④保育者としての感性を高める

保育者にとって、人間性や感性を豊かにすることも必要です。保育所実習は、子どもや保育者、保護者など多くの人とのかかわりによって、感性を磨き人間性を豊かにする機会でもあります。この体験を振り返り、保育者として向上していくために、これからの課題につなげましょう。

これらについての振り返りを、次の実習に向けて準備すべきこと、もっとやっておくことなど具体的に考えて、計画的に準備しましょう。

④ 実習での体験を報告しあう機会

実習生が実習後の感想や意見を報告しあう機会の持ち方は、養成校によって異なりますが、他の実習生の体験を聞くことは、自分自身の体験と比較しながら、より客観的に保育実習を捉えることができます。

実習中の課題、困ったこと、感動したことなどを一人一人がまとめ、発表します。グループディスカッションをして、それぞれの体験を話し合ったり、実習報告会として、代表の実習生が数名、報告発表をする形式で行われたりします。

報告会で得られた情報や、自分なりに感じたことから、今後の学習に必要なことや、実技面で足りなかったことがわかると思います。今回の保育実習で学んだことをさらにステップアップすることが、とても大切なことなのです。

園の先生からのご注意は宝物です！
" あきらめないで、最後までやり遂げましょう "

〈園の先生からご指摘・ご注意を受けた場合〉

園の先生は、実習生がより良い保育士になることを望んでおられます。

そのため、実習生に対してお気づきのことについて、さまざまなご指摘やご注意をされます。

①「はい」の返事をします。

②ご指摘・ご注意を受けた点について謙虚に受け止めます。

・「わかりました。ご指摘（ご注意）ありがとうございます。」と受け止め、お礼を言います。

③手帳にメモとして書き留めておきます。

・ご指摘（ご注意）を頂いた点について不明な点、わからない点があれば質問をし、ご指導を受けます。

④日誌に記入し、次の日以降に活かします。

〈最後までやり遂げるポイント〉

園の先生からのご指摘やご注意を受けたことで、落ち込んだりすることがあります。また、園の先生の保育について、自分の考え方と違う場合など矛盾を感じることがあります。

途中で実習を放り出したい気分になる時もあります。

しかし、最後まで頑張りましょう！　実習させて頂く園とのせっかくの出会いを大切にしましょう！

①実習中は、園の方針に100%合わせます。

・保育に対する疑問点があれば質問します。

②挨拶は、一人一人に心を込めてしましょう。

・先生方、子ども、保護者…、出会った方々一人一人の眼を見て挨拶をします。

⇒「おはようございます」「こんにちは」「さようなら」の挨拶をしましょう。

⇒保護者がお迎えの時は「おかえりなさい」の挨拶をしましょう。

③園の先生への挨拶は、クラスの先生だけでなく、事務所に伺い、園長先生にも必ず挨拶をしましょう。

・出勤時：「今日は1日、よろしくお願いいたします」と1日が始まります。

・退勤時：「今日は、1日ご指導ありがとうございました。あしたもよろしくお願いいたします」

と、心からの感謝の気持ちを込めて伝えましょう。

※最後まで実習をやり遂げるポイントは、実習園との出会いを大切にすることです。

⇒園の先生から実習生に対して望むことの第1位が、「挨拶をきちんとできること」を挙げております。

⇒“笑顔で挨拶”をしましょう！

そうすれば、「信頼関係構築」の第一歩としてコミュニケーションが始まり、実習を最後までやり遂げられます。

（丸山アヤ子）

保育実習Ⅱ評価票（例）

<table>
<tr><td colspan="2">実 習 施 設 名</td><td colspan="3">施 設 長 名</td><td colspan="3">実習指導担当保育士名</td></tr>
<tr><td colspan="2"></td><td colspan="3">㊞</td><td colspan="3">㊞</td></tr>
<tr><td>実習生</td><td>学年　　クラス</td><td>学籍番号</td><td colspan="2"></td><td>氏　名</td><td colspan="2"></td></tr>
<tr><td>実習期間</td><td colspan="7">年　月　日（　）〜　年　月　日（　）</td></tr>
<tr><td>勤務状況</td><td>出勤日　日</td><td>欠勤日数</td><td>日</td><td>遅刻数</td><td>回</td><td>早退数</td><td>回</td></tr>
</table>

<table>
<tr><td rowspan="2">項目</td><td rowspan="2">評価の内容</td><td rowspan="2">評価上の観点</td><td colspan="4">評　価
（該当するものの□にチェック）</td></tr>
<tr><td>A</td><td>B</td><td>C</td><td>D</td></tr>
<tr><td rowspan="4">態度</td><td>意欲・積極性</td><td>・指導担当者からの指示を待つばかりでなく、自分から行動している。
・積極的に子どもとかかわろうとしている。　など</td><td>□</td><td>□</td><td>□</td><td>□</td></tr>
<tr><td>責任感</td><td>・十分な時間的余裕を持って勤務開始できるようにしている。
・報告・連絡・相談を必要に応じて適切に行っている。　など</td><td>□</td><td>□</td><td>□</td><td>□</td></tr>
<tr><td>探究心</td><td>・日々の取り組みの中で、適切な援助の方法を理解しようとしている。
・日々の取り組みの中で、自己課題を持って実習に臨んでいる。　など</td><td>□</td><td>□</td><td>□</td><td>□</td></tr>
<tr><td>協調性</td><td>・自分勝手な判断に陥らないように努めている。
・判断に迷うときには、指導担当者に助言を求めている。　など</td><td>□</td><td>□</td><td>□</td><td>□</td></tr>
<tr><td rowspan="15">知識・技術</td><td rowspan="2">保育所等の役割と機能の具体的展開</td><td>・養護と教育が一体となって行われる実際の保育について理解ができている。</td><td>□</td><td>□</td><td>□</td><td>□</td></tr>
<tr><td>・保育所等の社会的役割と責任について具体的実践を通した理解できている。</td><td>□</td><td>□</td><td>□</td><td>□</td></tr>
<tr><td rowspan="3">観察に基づく保育の理解</td><td>・実際の子どもとのかかわりを通して子どもの心身の状態や活動に対する観察ができている。</td><td>□</td><td>□</td><td>□</td><td>□</td></tr>
<tr><td>・保育士の援助や関わりに対する観察ができている。</td><td>□</td><td>□</td><td>□</td><td>□</td></tr>
<tr><td>・実際の保育所等の生活の流れや展開について把握できている。</td><td>□</td><td>□</td><td>□</td><td>□</td></tr>
<tr><td rowspan="4">子どもの保育および保護者・家庭への支援と地域社会との連携</td><td>・環境を通して行う保健、生活や遊びを通して総合的に行う保育について理解できている。</td><td>□</td><td>□</td><td>□</td><td>□</td></tr>
<tr><td>・保護者支援および地域の子育て家庭への支援の実態について理解できている。</td><td>□</td><td>□</td><td>□</td><td>□</td></tr>
<tr><td>・関係機関との連携の実際について理解できている。</td><td>□</td><td>□</td><td>□</td><td>□</td></tr>
<tr><td>・地域社会との連携の実際について理解できている。</td><td>□</td><td>□</td><td>□</td><td>□</td></tr>
<tr><td rowspan="2">指導計画の作成、実践、観察、記録、評価</td><td>・全体的な計画に基づく指導計画の作成・実践・省察・評価と実際の保育の過程の展開について理解できている。</td><td>□</td><td>□</td><td>□</td><td>□</td></tr>
<tr><td>・作成した指導計画に基づく保育実践の評価ができている。</td><td>□</td><td>□</td><td>□</td><td>□</td></tr>
<tr><td rowspan="2">保育士の業務と職業倫理</td><td>・多様な保育の展開と保育士の業務内容の関連性について理解できている。</td><td>□</td><td>□</td><td>□</td><td>□</td></tr>
<tr><td>・保育士の職業倫理について具体的な実践に結びつけて理解できている。</td><td>□</td><td>□</td><td>□</td><td>□</td></tr>
<tr><td>自己課題の明確化</td><td>・保育士を目指す者としての自己の課題を明確にすることができている。</td><td>□</td><td>□</td><td>□</td><td>□</td></tr>
</table>

<table>
<tr><td>総合所見</td><td>（できていたこと、今後課題になること）</td><td>総合評価
（該当するものに○）</td><td>実習生として
A：非常に優れている
B：優れている
C：適切である
D：努力を要する</td></tr>
<tr><td></td><td></td><td></td><td>※大学側評価欄

実習指導者氏名
印</td></tr>
</table>

記入要項
1．評価基準は以下の通りです。
A：実習生として非常に優れている　B：実習生として優れている　C：実習生として適切である　D：実習生として努力を要する
総合所見では、実習を通して学生ができていた点、今後の課題となる点などを記入してください。

引用・参考文献

REFERENCE

○相浦雅子他編著『STEP UP!　ワークシートで学ぶ保育所実習1・2・3』同文書院、2008年。
○阿部　恵、鈴木みゆき編著『教育・保育実習安心ガイド』ひかりのくに、2002年。
○磯部裕子他編著『幼稚園・保育所実習のための保育実技ハンドブック』萌文書林、1996年。
○大橋喜美子編著『はじめての保育・教育実習』朱鷺書房、2003年。
○大場幸夫他編『新・保育講座 保育実習』ミネルヴァ書房、2002年。
○岡本富郎他著『新訂版　幼稚園・保育所実習の指導計画案はこうして立てよう』萌文書林、2000年。
○小田　豊他編著『幼稚園・保育所実習』光生館、2002年。
○河邉貴子・鈴木　隆編著、百瀬ユカリ他共著『保育・教育実習 フィールドで学ぼう』同文書院、2006年。
○教育・保育実習を考える会編『改訂版 幼稚園・保育園実習の常識 成果をあげるポイント66』蒼丘書林、1998年。
○厚生労働省編『保育所保育指針 解説書』フレーベル館、2008年。
○厚生労働省編『保育所保育指針 解説』フレーベル館、2018年。
○坂本　敬他編著『保育実習』北大路書房、1994年。
○関　仁志編著『これで安心！保育指導案の書き方　実習生・初任者からベテランまで』北大路書房、2008年。
○全国保育士養成協議会編『保育実習指導のミニマムスタンダードVer.2「協働」する保育士養成』中央法規出版株式会社、2018年。
○田中まさ子編『幼稚園教諭・保育士養成課程 幼稚園・保育所実習ハンドブック』みらい、2003年。
○寺田清美・渡邊暢子監修『保育実習まるごとガイド　改訂新版』小学館、2012年。
○畠山倫子編著『幼児教育法 教育・保育・施設実習』三晃書房、2002年。
○松本峰雄監修『流れがわかる幼稚園・保育所実習』萌文書林、2015年。
○溝口　元、寺田清美編著、丸山アヤ子他共著『子ども家庭支援論』アイ・ケイコーポレーション、2018年。
○百瀬ユカリ著『保育現場の困った人たち』創成社、2008年。
○百瀬ユカリ著『実習に役立つ保育技術』創成社、2009年。
○百瀬ユカリ・田中君枝著『保育園・幼稚園・学童保育まで使える　たのしい手あそび50』創成社、2014年。
○森上史朗監修『最新保育資料集 2015』ミネルヴァ書房、2015年。

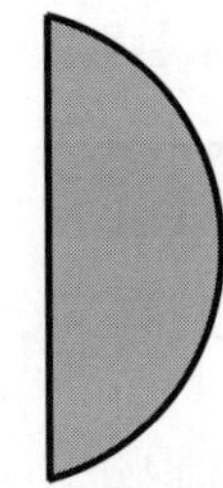

巻末資料１

児童憲章
－全　文－

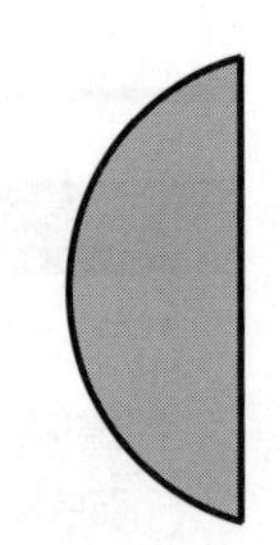

（昭和26年５月５日　宣言）

われらは、日本国憲法の精神にしたがい、児童に対する正しい観念を確立し、すべての児童の幸福をはかるために、この憲章を定める。

児童は、人として尊ばれる。
児童は、社会の一員として重んぜられる。
児童は、よい環境のなかで育てられる。

一．すべての児童は、心身ともに、健やかにうまれ、育てられ、その生活を保障される。
二．すべての児童は、家庭で、正しい愛情と知識と技術をもって育てられ、家庭に恵まれない児童には、これにかわる環境が与えられる。
三．すべての児童は、適当な栄養と住居と被服が与えられ、また、疾病と災害からまもられる。
四．すべての児童は、個性と能力に応じて教育され、社会の一員としての責任を自主的に果たすように、みちびかれる。
五．すべての児童は、自然を愛し、科学と芸術を尊ぶように、みちびかれ、また、道徳的心情がつちかわれる。
六．すべての児童は、就学のみちを確保され、また、十分に整った教育の施設を用意される。
七．すべての児童は、職業指導を受ける機会が与えられる。
八．すべての児童は、その労働において、心身の発育が阻害されず、教育を受ける機会が失われず、また児童としての生活がさまたげられないように、十分に保護される。
九．すべての児童は、よい遊び場と文化財を用意され、わるい環境からまもられる。
十．すべての児童は、虐待、酷使、放任その他不当な取扱いからまもられる。あやまちをおかした児童は、適切に保護指導される。
十一．すべての児童は、身体が不自由な場合、または精神の機能が不十分な場合に、適切な治療と教育と保護があたえられる。
十二．すべての児童は、愛とまことによって結ばれ、よい国民として人類の平和と文化に貢献するように、みちびかれる。

巻末資料２

厚生労働省雇用均等・児童家庭局長通知「指定保育士養成施設の指定及び運営の基準について」（抄）（平成15年12月９日雇児発第1209001号）

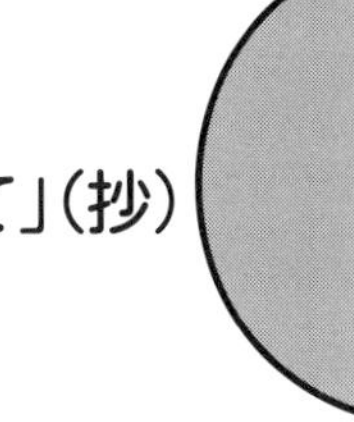

（別紙１）

指定保育士養成施設指定基準

第１　性格

指定保育士養成施設は、児童の保育及び児童の保護者に対する保育に関する指導を行う専門的職業としての保育士を養成することを目的とする。

指定保育士養成施設は、保育に関する専門的知識及び技術を習得させるとともに、専門的知識及び技術を支える豊かな人格識見を養うために必要な幅広く深い教養を授ける高等専門職業教育機関としての性格を有する。

以上の目的及び性格に鑑み、その組織及び施設については、特にその機能が十分発揮できるように充実されなければならない。

第２　指定基準

１　共通事項

指定保育士養成施設の指定は、児童福祉法施行規則（昭和23年厚生省令第11号。以下「規則」という。）第６条の２の規定に定める他、下記２から７に適合した場合に行うものであること。

授業等の開設方法は、昼間、昼夜開講制（短期大学設置基準（昭和50年文部省令第21号）第12条に規定する昼夜開講制をいう。以下同じ。）、夜間、昼間定時制又は通信制により実施するものであること。

なお、通信制による指定保育士養成施設（以下「通信教育部」とする）は、学校教育法（昭和22年法律第26号）に基づく大学、短期大学又は専修学校の専門課程であって、既に指定保育士養成施設として指定されていることを条件として指定する。

おって、昼間、昼夜開講制、夜間、昼間定時制を総称する場合には昼間部等とする。

２　修業年限

修業年限は、昼間部又は昼夜開講制をとる場合については２年以上とし、夜間部、昼間定時制部又は通信教育部については３年以上とすること。

（別紙２）

保育実習実施基準

第１ 保育実習の目的

保育実習は、その習得した教科全体の知識、技能を基礎とし、これらを総合的に実践する応用能力を養うため、児童に対する理解を通じて保育の理論と実践の関係について習熟させることを目的とする。

第２ 履修の方法

１ 保育実習は、次表の第３欄に掲げる施設につき、同表第２欄に掲げる履修方法により行うものとする。

実習種別（第１欄）	履修方法（第２欄）		実習施設（第３欄）
	単位数	施設におけるおおむねの実習日数	
保育実習Ⅰ（必修科目）	４単位	20日	（A）
保育実習Ⅱ（選択必修科目）	2	10日	（B）
保育実習Ⅲ（選択必修科目）	2	10日	（C）

備考１ 第３欄に掲げる実習施設の種別は、次によるものであること。

（A）…保育所、幼保連携型認定こども園又は児童福祉法第６条の３第10項の小規模保育事業（ただし、「家庭的保育事業等の設備及び運営に関する基準」（平成26年厚生労働省令第61号）第３章第２節に規定する小規模保育事業A型及び同基準同章第３節に規定する小規模保育B型に限る）若しくは同条第12項の事業所内保育事業であって同法第34条の15 第１項の事業及び同法同条第２項の認可を受けたもの（以下「小規模保育A・B型及び事業所内保育事業」という。）及び乳児院、母子生活支援施設、障害児入所施設、児童発達支援センター、障害者支援施設、指定障害福祉サービス事業所（生活介護、自立訓練、就労移行支援又は就労継続支援を行うものに限る）、児童養護施設、情緒障害児短期治療施設、児童自立支援施設、児童相談所一時保護施設又は独立行政法人国立重度知的障害者総合施設のぞみの園

（B）…保育所又は幼保連携型認定こども園或いは小規模保育A・B型及び事業所内保育事業

（C）…児童厚生施設又は児童発達支援センターその他社会福祉関係諸法令の規定に基づき設置されている施設であって保育実習を行う施設として適当と認められるもの（保育所及び幼保連携型認定こども園並びに小規模保育A・B型及び事業所内保育事業は除く。）

備考２ 保育実習（必修科目）４単位の履修方法は、保育所又は幼保連携型認定こども園或いは小規模保育A・B型及び事業所内保育事業における実習２単位及び（A）に掲げる保育所又は幼保連携型認定こども園或いは小規模保育A・B型及び事業所内保育事業以外の施設における実習２単位とする。

備考３ 児童福祉法（昭和22年法律第164号。以下「法」という。）第６条の３第９項に規定する家庭的保育事業又は、「家庭的保育事業等の設備及び運営に関する基準」（平成26年厚生労働省令第61号）第３章第４節に規定する小規模保育事業C型において、家庭的保育者又は補助者として、20日以上従事している又は過去に従事していたことのある場合にあっては、当該事業に従事している又は過去に従事していたことをもって、保育実習Ⅰ（必修科目）のうち保育所又は幼保連携型認定こども園或いは小規模保育A・B型及び事業所内保育事業における実習２単位、保育実習Ⅱ（選択必修科目）及び保育実習指導Ⅱ（選択必修科目）を履

修したものとすることができる。
2 保育実習を行う児童福祉施設等及びその配当単位数は、指定保育士養成施設の所長が定めるものとする。
3 保育実習を行う時期は、原則として、修業年限が2年の指定保育士養成施設については第2学年の期間内とし、修業年限が3年以上の指定保育士養成施設については第3学年以降の期間内とする。
4 実習施設に1回に派遣する実習生の数は、その実習施設の規模、人的組織等の指導能力を考慮して定めるものとし、多人数にわたらないように特に留意するものとする。
5 指定保育士養成施設の所長は、毎学年度の始めに実習施設その他の関係者と協議を行い、その学年度の保育実習計画を策定するものとし、この計画において、全体の方針、実習の段階、内容、施設別の期間、時間数、学生の数、実習前後の学習に対する指導方法、実習の記録、評価の方法等を明らかにし、指定保育士養成施設と実習施設との間で共有すること。

第3 実習施設の選定等
1 指定保育士養成施設の所長は、実習施設の選定に当たっては、実習の効果が指導者の能力に負うところが大きいことから、特に施設長、保育士、その他の職員の人的組織を通じて保育についての指導能力が充実している施設のうちから選定するように努めるものとする。特に、保育所の選定に当たっては、乳児保育、障害児保育及び一時保育等の多様な保育サービスを実施しているところで総合的な実習を行うことが望ましいことから、この点に留意すること。また、居住型の実習施設を希望する実習生に対しては、実習施設の選定に際して、配慮を行うこと。
2 指定保育士養成施設の所長は、児童福祉施設以外の施設を実習施設として選定する場合に当たっては、保育士が実習生の指導を行う施設を選定するものとする。なお、その施設の設備に比較的余裕があること、実習生の交通条件等についても配慮するものとする。
3 指定保育士養成施設の所長は、教員のうちから実習指導者を定め、実習に関する全般的な事項を担当させ、当該実習指導者は、他の教員と連携して実習指導を一体的に行うこと。また、実習施設においては、主任保育士又はこれに準ずる者を実習指導者と定めること。
4 保育実習の実施に当たっては、保育実習の目的等を達成するため、指定保育士養成施設の主たる実習指導者のみに対応を委ねることのないよう、指定保育士養成施設の主たる実習指導者は、他の教員・実習施設の主たる実習指導者等とも緊密に連携し、また、実習施設の主たる実習指導者は、当該実習施設内の他の保育士等とも緊密に連携すること。
5 指定保育士養成施設の実習指導者は、実習期間中に少なくとも1回以上実習施設を訪問して学生を指導すること。なお、これにより難い場合は、それと同等の体制を確保すること。
6 指定保育士養成施設の実習指導者は、実習期間中に、学生に指導した内容をその都度、記録すること。また、実習施設の実習指導者に対しては、毎日、実習の記録の確認及び指導内容を記述するよう依頼する等、実習を効果的に進められるよう配慮すること。

【保育実習】

＜教科目名＞ 保育実習Ⅰ（実習・4単位：保育所実習2単位・施設実習2単位）
＜目標＞ 1．保育所、児童福祉施設等の役割や機能を具体的に理解する。 2．観察や子どもとの関わりを通して子どもへの理解を深める。 3．既習の教科目の内容を踏まえ、子どもの保育及び保護者への支援について総合的に理解する。 4．保育の計画・観察・記録及び自己評価等について具体的に理解する。 5．保育士の業務内容や職業倫理について具体的に理解する。
＜保育所実習の内容＞ 1．保育所の役割と機能 （1）保育所における子どもの生活と保育士の援助や関わり （2）保育所保育指針に基づく保育の展開 2．子どもの理解 （1）子どもの観察とその記録による理解 （2）子どもの発達過程の理解 （3）子どもへの援助や関わり 3．保育内容・保育環境 （1）保育の計画に基づく保育内容 （2）子どもの発達過程に応じた保育内容 （3）子どもの生活や遊びと保育環境 （4）子どもの健康と安全 4．保育の計画・観察・記録 （1）全体的な計画と指導計画及び評価の理解 （2）記録に基づく省察・自己評価 5．専門職としての保育士の役割と職業倫理 （1）保育士の業務内容 （2）職員間の役割分担や連携・協働 （3）保育士の役割と職業倫理 ＜児童福祉施設等（保育所以外）における実習の内容＞ 1．施設の役割と機能 （1）施設における子どもの生活と保育士の援助や関わり （2）施設の役割と機能 2．子どもの理解 （1）子どもの観察とその記録 （2）個々の状態に応じた援助や関わり 3．施設における子どもの生活と環境 （1）計画に基づく活動や援助 （2）子どもの心身の状態に応じた生活と対応 （3）子どもの活動と環境 （4）健康管理、安全対策の理解 4．計画と記録 （1）支援計画の理解と活用 （2）記録に基づく省察・自己評価 5．専門職としての保育士の役割と倫理 （1）保育士の業務内容 （2）職員間の役割分担や連携 （3）保育士の役割と職業倫理

<教科目名> 保育実習Ⅱ（実習・２単位：保育所実習）
<目標> 1．保育所の役割や機能について、具体的な実践を通して理解を深める。 2．子どもの観察や関わりの視点を明確にすることを通して、保育の理解を深める。 3．既習の教科目や保育実習Ⅰの経験を踏まえ、子どもの保育及び子育て支援について総合的に理解する。 4．保育の計画・実践・観察・記録及び自己評価等について、実際に取り組み、理解を深める。 5．保育士の業務内容や職業倫理について、具体的な実践に結びつけて理解する。 6．実習における自己の課題を明確化する。
<内容> 1．保育所の役割や機能の具体的展開 （1）養護と教育が一体となって行われる保育 （2）保育所の社会的役割と責任 2．観察に基づく保育の理解 （1）子どもの心身の状態や活動の観察 （2）保育士等の援助や関わり （3）保育所の生活の流れや展開の把握 3．子どもの保育及び保護者・家庭への支援と地域社会等との連携 （1）環境を通して行う保育、生活や遊びを通して総合的に行う保育 （2）入所している子どもの保護者に対する子育て支援及び地域の保護者等に対する子育て支援 （3）関係機関や地域社会との連携・協働 4．指導計画の作成・実践・観察・記録・評価 （1）全体的な計画に基づく指導計画の作成・実践・省察・評価と保育の過程の理解 （2）作成した指導計画に基づく保育の実践と評価 5． 保育士の業務と職業倫理 （1）多様な保育の展開と保育士の業務 （2）多様な保育の展開と保育士の職業倫理 6．自己の課題の明確化

<教科目名> 保育実習Ⅲ（実習・２単位：保育所以外の施設実習）
<目標> 1．既習の教科目や保育実習の経験を踏まえ、児童福祉施設等（保育所以外）の役割や機能について実践を通して、理解する。 2．家庭と地域の生活実態にふれて、子ども家庭福祉、社会的養護、障害児支援に対する理解をもとに、保護者支援、家庭支援のための知識、技術、判断力を習得する。 3．保育士の業務内容や職業倫理について具体的な実践に結びつけて理解する。 4．実習における自己の課題を理解する。
<内容> 1．児童福祉施設等 (保育所以外) の役割と機能 2．施設における支援の実際 （1）受容し、共感する態度 （2）個人差や生活環境に伴う子ども（利用者）のニーズの把握と子ども理解 （3）個別支援計画の作成と実践 （4）子ども（利用者）の家族への支援と対応 （5）各施設における多様な専門職との連携・協働 （6）地域社会との連携・協働 3．保育士の多様な業務と職業倫理 4．保育士としての自己課題の明確化

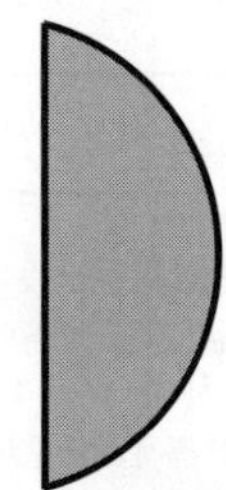

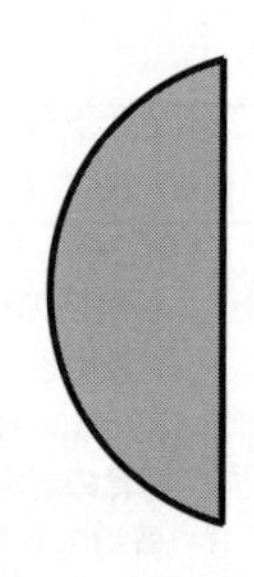

児童福祉法（抄）

（昭和22年12月12日法律第164号）

［保育士の定義］

第十八条の四　この法律で、保育士とは、第十八条の十八第一項の登録を受け、保育士の名称を用いて、専門的知識及び技術をもつて、児童の保育及び児童の保護者に対する保育に関する指導を行うことを業とする者をいう。

［保育所］

第三十九条　保育所は、保育を必要とする乳児・幼児を日々保護者の下から通わせて保育を行うことを目的とする施設（利用定員が二十人以上であるものに限り、幼保連携型認定こども園を除く。）とする。

○２　保育所は、前項の規定にかかわらず、特に必要があるときは、保育を必要とするその他の児童を日々保護者の下から通わせて保育することができる。

第三十九条の二　幼保連携型認定こども園は、義務教育及びその後の教育の基礎を培うものとしての満三歳以上の幼児に対する教育（教育基本法（平成十八年法律第百二十号）第六条第一項に規定する法律に定める学校において行われる教育をいう。）及び保育を必要とする乳児・幼児に対する保育を一体的に行い、これらの乳児又は幼児の健やかな成長が図られるよう適当な環境を与えて、その心身の発達を助長することを目的とする施設とする。

○２　幼保連携型認定こども園に関しては、この法律に定めるもののほか、認定こども園法の定めるところによる。

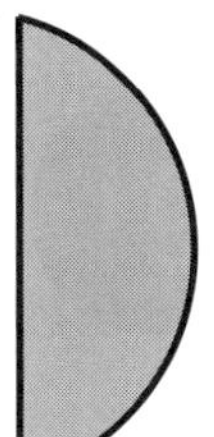

巻末資料4

保育所保育指針

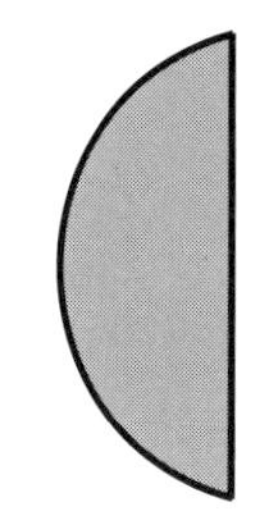

○厚生労働省告示第117号

児童福祉施設の設備及び運営に関する基準（昭和23年厚生省令第63号）第35条の規定に基づき、保育所保育指針（平成20年厚生労働省告示第141号）の全部を次のように改正し、平成30年4月1日から適用する。

平成29年3月31日　　厚生労働大臣　塩崎　恭久

目　次

第1章　総則

この指針は、児童福祉施設の設備及び運営に関する基準（昭和23年厚生省令第63号。以下「設備運営基準」という。）第35条の規定に基づき、保育所における保育の内容に関する事項及びこれに関連する運営に関する事項を定めるものである。各保育所は、この指針において規定される保育の内容に係る基本原則に関する事項等を踏まえ、各保育所の実情に応じて創意工夫を図り、保育所の機能及び質の向上に努めなければならない。

1　保育所保育に関する基本原則

(1)　保育所の役割

ア　保育所は、児童福祉法(昭和22年法律第164号)第39条の規定に基づき、保育を必要とする子どもの保育を行い、その健全な心身の発達を図ることを目的とする児童福祉施設であり、入所する子どもの最善の利益を考慮し、その福祉を積極的に増進することに最もふさわしい生活の場でなければならない。

イ　保育所は、その目的を達成するために、保育に関する専門性を有する職員が、家庭との緊密な連携の下に、子どもの状況や発達過程を踏まえ、保育所における環境を通して、養護及び教育を一体的に行うことを特性としている。

ウ　保育所は、入所する子どもを保育するとともに、家庭や地域の様々な社会資源との連携を図りながら、入所する子どもの保護者に対する支援及び地域の子育て家庭に対する支援等を行う役割を担うものである。

エ　保育所における保育士は、児童福祉法第18条の4の規定を踏まえ、保育所の役割及び機能が適切に発揮されるように、倫理観に裏付けられた専門的知識、技術及び判断をもって、子どもを保育するとともに、子どもの保護者に対する保育に関する指導を行うものであり、その職責を遂行するための専門性の向上に絶えず努めなければならない。

(2)　保育の目標

ア　保育所は、子どもが生涯にわたる人間形成にとって極めて重要な時期に、その生活時間の大半を過ごす場である。このため、保育所の保育は、子どもが現在を最も良く生き、望ましい未来をつくり出す力の基礎を培うために、次の目標を目指して行わなければならない。

(ア)　十分に養護の行き届いた環境の下に、くつろいだ雰囲気の中で子どもの様々な欲求を満たし、生命の保持及び情緒の安定を図ること。

(イ)　健康、安全など生活に必要な基本的な習慣や態度を養い、心身の健康の基礎を培うこと。

(ウ)　人との関わりの中で、人に対する愛情と信頼感、そして人権を大切にする心を育てるとともに、自主、自立及び協調の態度を養い、道徳性の芽生えを培うこと。

(エ)　生命、自然及び社会の事象についての興味や関心を育て、それらに対する豊かな心情や思考力の芽生えを培うこと。

(オ) 生活の中で、言葉への興味や関心を育て、話したり、聞いたり、相手の話を理解しようとするなど、言葉の豊かさを養うこと。

(カ) 様々な体験を通して、豊かな感性や表現力を育み、創造性の芽生えを培うこと。

イ 保育所は、入所する子どもの保護者に対し、その意向を受け止め、子どもと保護者の安定した関係に配慮し、保育所の特性や保育士等の専門性を生かして、その援助に当たらなければならない。

(3) 保育の方法

保育の目標を達成するために、保育士等は、次の事項に留意して保育しなければならない。

ア 一人一人の子どもの状況や家庭及び地域社会での生活の実態を把握するとともに、子どもが安心感と信頼感をもって活動できるよう、子どもの主体としての思いや願いを受け止めること。

イ 子どもの生活のリズムを大切にし、健康、安全で情緒の安定した生活ができる環境や、自己を十分に発揮できる環境を整えること。

ウ 子どもの発達について理解し、一人一人の発達過程に応じて保育すること。その際、子どもの個人差に十分配慮すること。

エ 子ども相互の関係づくりや互いに尊重する心を大切にし、集団における活動を効果あるものにするよう援助すること。

オ 子どもが自発的・意欲的に関われるような環境を構成し、子どもの主体的な活動や子ども相互の関わりを大切にすること。特に、乳幼児期にふさわしい体験が得られるように、生活や遊びを通して総合的に保育すること。

カ 一人一人の保護者の状況やその意向を理解、受容し、それぞれの親子関係や家庭生活等に配慮しながら、様々な機会をとらえ、適切に援助すること。

(4) 保育の環境

保育の環境には、保育士等や子どもなどの人的環境、施設や遊具などの物的環境、更には自然や社会の事象などがある。保育所は、こうした人、物、場などの環境が相互に関連し合い、子どもの生活が豊かなものとなるよう、次の事項に留意しつつ、計画的に環境を構成し、工夫して保育しなければならない。

ア 子ども自らが環境に関わり、自発的に活動し、様々な経験を積んでいくことができるよう配慮すること。

イ 子どもの活動が豊かに展開されるよう、保育所の設備や環境を整え、保育所の保健的環境や安全の確保などに努めること。

ウ 保育室は、温かな親しみとくつろぎの場となるとともに、生き生きと活動できる場となるように配慮すること。

エ 子どもが人と関わる力を育てていくため、子ども自らが周囲の子どもや大人と関わっていくことができる環境を整えること。

(5) 保育所の社会的責任

ア 保育所は、子どもの人権に十分配慮するとともに、子ども一人一人の人格を尊重して保育を行わなければならない。

イ 保育所は、地域社会との交流や連携を図り、保護者や地域社会に、当該保育所が行う保育の内容を適切に説明するよう努めなければならない。

ウ 保育所は、入所する子ども等の個人情報を適切に取り扱うとともに、保護者の苦情などに対し、その解決を図るよう努めなければならない。

2 養護に関する基本的事項

(1) 養護の理念

保育における養護とは、子どもの生命の保持及び情緒の安定を図るために保育士等が行う援助や関わりであり、保育所における保育は、養護及び教育を一体的に行うことをその特性とするものである。保育所における保育全体を通じて、養護に関するねらい及び内容を踏まえた保育が展開されなければならない。

(2) 養護に関わるねらい及び内容

ア 生命の保持

(ア) ねらい

① 一人一人の子どもが、快適に生活できるようにする。

② 一人一人の子どもが、健康で安全に過ごせるようにする。

③ 一人一人の子どもの生理的欲求が、十分に満たされるようにする。

④ 一人一人の子どもの健康増進が、積極的に図られるようにする。

(イ) 内容

① 一人一人の子どもの平常の健康状態や発育及び発達状態を的確に把握し、異常を感じる場合は、速やかに適切に対応する。

② 家庭との連携を密にし、嘱託医等との連携を図りながら、子どもの疾病や事故防止に関する認識を深め、保健的で安全な保育環境の維持及び向上に努める。

③ 清潔で安全な環境を整え、適切な援助や応答的な関わりを通して子どもの生理的欲求を満たしていく。また、家庭と協力しながら、子どもの発達過程等に応じた適切な生活のリズムがつくられていくようにする。

④ 子どもの発達過程等に応じて、適度な運動と休息を取ることができるようにする。また、食事、排泄（せつ）、衣類の着脱、身の回りを清潔にすることなどについて、子どもが意欲的に生活できるよう適切に援助する。

イ 情緒の安定

(ア) ねらい

① 一人一人の子どもが、安定感をもって過ごせるようにする。

② 一人一人の子どもが、自分の気持ちを安心して表すことができるようにする。

③ 一人一人の子どもが、周囲から主体として受け止められ、主体として育ち、自分を肯定する気持ちが育まれていくようにする。

④ 一人一人の子どもがくつろいで共に過ごし、心身の疲れが癒されるようにする。

(イ) 内容

① 一人一人の子どもの置かれている状態や発達過程など

を的確に把握し、子どもの欲求を適切に満たしながら、応答的な触れ合いや言葉がけを行う。

② 一人一人の子どもの気持ちを受容し、共感しながら、子どもとの継続的な信頼関係を築いていく。

③ 保育士等との信頼関係を基盤に、一人一人の子どもが主体的に活動し、自発性や探索意欲などを高めるとともに、自分への自信をもつことができるよう成長の過程を見守り、適切に働きかける。

④ 一人一人の子どもの生活のリズム、発達過程、保育時間などに応じて、活動内容のバランスや調和を図りながら、適切な食事や休息が取れるようにする。

3 保育の計画及び評価

(1) 全体的な計画の作成

ア 保育所は、1の（2）に示した保育の目標を達成するために、各保育所の保育の方針や目標に基づき、子どもの発達過程を踏まえて、保育の内容が組織的・計画的に構成され、保育所の生活の全体を通して、総合的に展開されるよう、全体的な計画を作成しなければならない。

イ 全体的な計画は、子どもや家庭の状況、地域の実態、保育時間などを考慮し、子どもの育ちに関する長期的見通しをもって適切に作成されなければならない。

ウ 全体的な計画は、保育所保育の全体像を包括的に示すものとし、これに基づく指導計画、保健計画、食育計画等を通じて、各保育所が創意工夫して保育できるよう、作成されなければならない。

(2) 指導計画の作成

ア 保育所は、全体的な計画に基づき、具体的な保育が適切に展開されるよう、子どもの生活や発達を見通した長期的な指導計画と、それに関連しながら、より具体的な子どもの日々の生活に即した短期的な指導計画を作成しなければならない。

イ 指導計画の作成に当たっては、第2章及びその他の関連する章に示された事項のほか、子ども一人一人の発達過程や状況を十分に踏まえるとともに、次の事項に留意しなければならない。

(ア) 3歳未満児については、一人一人の子どもの生育歴、心身の発達、活動の実態等に即して、個別的な計画を作成すること。

(イ) 3歳以上児については、個の成長と、子ども相互の関係や協同的な活動が促されるよう配慮すること。

(ウ) 異年齢で構成される組やグループでの保育においては、一人一人の子どもの生活や経験、発達過程などを把握し、適切な援助や環境構成ができるよう配慮すること。

ウ 指導計画においては、保育所の生活における子どもの発達過程を見通し、生活の連続性、季節の変化などを考慮し、子どもの実態に即した具体的なねらい及び内容を設定すること。また、具体的なねらいが達成されるよう、子どもの生活する姿や発想を大切にして適切な環境を構成し、子どもが主体的に活動できるようにすること。

エ 一日の生活のリズムや在園時間が異なる子どもが共に過ごすことを踏まえ、活動と休息、緊張感と解放感等の調和を図るよう配慮すること。

オ 午睡は生活のリズムを構成する重要な要素であり、安心して眠ることのできる安全な睡眠環境を確保するとともに、在園時間が異なることや、睡眠時間は子どもの発達の状況や個人によって差があることから、一律とならないよう配慮すること。

カ 長時間にわたる保育については、子どもの発達過程、生活のリズム及び心身の状態に十分配慮して、保育の内容や方法、職員の協力体制、家庭との連携などを指導計画に位置付けること。

キ 障害のある子どもの保育については、一人一人の子どもの発達過程や障害の状態を把握し、適切な環境の下で、障害のある子どもが他の子どもとの生活を通して共に成長できるよう、指導計画の中に位置付けること。また、子どもの状況に応じた保育を実施する観点から、家庭や関係機関と連携した支援のための計画を個別に作成するなど適切な対応を図ること。

(3) 指導計画の展開

指導計画に基づく保育の実施に当たっては、次の事項に留意しなければならない。

ア 施設長、保育士など、全職員による適切な役割分担と協力体制を整えること。

イ 子どもが行う具体的な活動は、生活の中で様々に変化することに留意して、子どもが望ましい方向に向かって自ら活動を展開できるよう必要な援助を行うこと。

ウ 子どもの主体的な活動を促すためには、保育士等が多様な関わりをもつことが重要であることを踏まえ、子どもの情緒の安定や発達に必要な豊かな体験が得られるよう援助すること。

エ 保育士等は、子どもの実態や子どもを取り巻く状況の変化などに即して保育の過程を記録するとともに、これらを踏まえ、指導計画に基づく保育の内容の見直しを行い、改善を図ること。

(4) 保育内容等の評価

ア 保育士等の自己評価

(ア) 保育士等は、保育の計画や保育の記録を通して、自らの保育実践を振り返り、自己評価することを通して、その専門性の向上や保育実践の改善に努めなければならない。

(イ) 保育士等による自己評価に当たっては、子どもの活動内容やその結果だけでなく、子どもの心の育ちや意欲、取り組む過程などにも十分配慮するよう留意すること。

(ウ) 保育士等は、自己評価における自らの保育実践の振り返りや職員相互の話し合い等を通じて、専門性の向上及び保育の質の向上のための課題を明確にするとともに、保育所全体の保育の内容に関する認識を深めること。

イ 保育所の自己評価

(ア) 保育所は、保育の質の向上を図るため、保育の計画の展開や保育士等の自己評価を踏まえ、当該保育所の保育の内容等について、自ら評価を行い、その結果を公表するよう努めなければならない。

(イ) 保育所が自己評価を行うに当たっては、地域の実情や保育所の実態に即して、適切に評価の観点や項目等を設定し、全職員による共通理解をもって取り組むよう留意すること。

（ウ） 設備運営基準第36条の趣旨を踏まえ、保育の内容等の評価に関し、保護者及び地域住民等の意見を聴くことが望ましいこと。

(5) 評価を踏まえた計画の改善

ア 保育所は、評価の結果を踏まえ、当該保育所の保育の内容等の改善を図ること。

イ 保育の計画に基づく保育、保育の内容の評価及びこれに基づく改善という一連の取組により、保育の質の向上が図られるよう、全職員が共通理解をもって取り組むことに留意すること。

4 幼児教育を行う施設として共有すべき事項

(1) 育みたい資質・能力

ア 保育所においては、生涯にわたる生きる力の基礎を培うため、1の（2）に示す保育の目標を踏まえ、次に掲げる資質・能力を一体的に育むよう努めるものとする。

（ア） 豊かな体験を通じて、感じたり、気付いたり、分かったり、できるようになったりする「知識及び技能の基礎」

（イ） 気付いたことや、できるようになったことなどを使い、考えたり、試したり、工夫したり、表現したりする「思考力、判断力、表現力等の基礎」

（ウ） 心情、意欲、態度が育つ中で、よりよい生活を営もうとする「学びに向かう力、人間性等」

イ アに示す資質・能力は、第2章に示すねらい及び内容に基づく保育活動全体によって育むものである。

(2) 幼児期の終わりまでに育ってほしい姿

次に示す「幼児期の終わりまでに育ってほしい姿」は、第2章に示すねらい及び内容に基づく保育活動全体を通して資質・能力が育まれている子どもの小学校就学時の具体的な姿であり、保育士等が指導を行う際に考慮するものである。

ア 健康な心と体

保育所の生活の中で、充実感をもって自分のやりたいことに向かって心と体を十分に働かせ、見通しをもって行動し、自ら健康で安全な生活をつくり出すようになる。

イ 自立心

身近な環境に主体的に関わり様々な活動を楽しむ中で、しなければならないことを自覚し、自分の力で行うために考えたり、工夫したりしながら、諦めずにやり遂げることで達成感を味わい、自信をもって行動するようになる。

ウ 協同性

友達と関わる中で、互いの思いや考えなどを共有し、共通の目的の実現に向けて、考えたり、工夫したり、協力したりし、充実感をもってやり遂げるようになる。

エ 道徳性・規範意識の芽生え

友達と様々な体験を重ねる中で、してよいことや悪いことが分かり、自分の行動を振り返ったり、友達の気持ちに共感したりし、相手の立場に立って行動するようになる。また、きまりを守る必要性が分かり、自分の気持ちを調整し、友達と折り合いを付けながら、きまりをつくったり、守ったりするようになる。

オ 社会生活との関わり

家族を大切にしようとする気持ちをもつとともに、地域の身近な人と触れ合う中で、人との様々な関わり方に気付き、相手の気持ちを考えて関わり、自分が役に立つ喜びを感じ、地域に親しみをもつようになる。また、保育所内外の様々な環境に関わる中で、遊びや生活に必要な情報を取り入れ、情報に基づき判断したり、情報を伝え合ったり、活用したりするなど、情報を役立てながら活動するようになるとともに、公共の施設を大切に利用するなどして、社会とのつながりなどを意識するようになる。

カ 思考力の芽生え

身近な事象に積極的に関わる中で、物の性質や仕組みなどを感じ取ったり、気付いたりし、考えたり、予想したり、工夫したりするなど、多様な関わりを楽しむようになる。また、友達の様々な考えに触れる中で、自分と異なる考えがあることに気付き、自ら判断したり、考え直したりするなど、新しい考えを生み出す喜びを味わいながら、自分の考えをよりよいものにするようになる。

キ 自然との関わり・生命尊重

自然に触れて感動する体験を通して、自然の変化などを感じ取り、好奇心や探究心をもって考え言葉などで表現しながら、身近な事象への関心が高まるとともに、自然への愛情や畏敬の念をもつようになる。また、身近な動植物に心を動かされる中で、生命の不思議さや尊さに気付き、身近な動植物への接し方を考え、命あるものとしていたわり、大切にする気持ちをもって関わるようになる。

ク 数量や図形、標識や文字などへの関心・感覚

遊びや生活の中で、数量や図形、標識や文字などに親しむ体験を重ねたり、標識や文字の役割に気付いたりし、自らの必要感に基づきこれらを活用し、興味や関心、感覚をもつようになる。

ケ 言葉による伝え合い

保育士等や友達と心を通わせる中で、絵本や物語などに親しみながら、豊かな言葉や表現を身に付け、経験したことや考えたことなどを言葉で伝えたり、相手の話を注意して聞いたりし、言葉による伝え合いを楽しむようになる。

コ 豊かな感性と表現

心を動かす出来事などに触れ感性を働かせる中で、様々な素材の特徴や表現の仕方などに気付き、感じたことや考えたことを自分で表現したり、友達同士で表現する過程を楽しんだりし、表現する喜びを味わい、意欲をもつようになる。

第2章 保育の内容

この章に示す「ねらい」は、第１章の１の（2）に示された保育の目標をより具体化したものであり、子どもが保育所において、安定した生活を送り、充実した活動ができるように、保育を通じて育みたい資質・能力を、子どもの生活する姿から捉えたものである。また、「内容」は、「ねらい」を達成するために、子どもの生活やその状況に応じて保育士等が適切に行う事項と、保育士等が援助して子どもが環境に関わって経験する事項を示したものである。

保育における「養護」とは、子どもの生命の保持及び情緒の安定を図るために保育士等が行う援助や関わりであり、「教育」とは、子どもが健やかに成長し、その活動がより豊かに展開される

ための発達の援助である。本章では、保育士等が、「ねらい」及び「内容」を具体的に把握するため、主に教育に関わる側面からの視点を示しているが、実際の保育においては、養護と教育が一体となって展開されることに留意する必要がある。

1　乳児保育に関わるねらい及び内容

(1)　基本的事項

ア　乳児期の発達については、視覚、聴覚などの感覚や、座る、はう、歩くなどの運動機能が著しく発達し、特定の大人との応答的な関わりを通じて、情緒的な絆（きずな）が形成されるといった特徴がある。これらの発達の特徴を踏まえて、乳児保育は、愛情豊かに、応答的に行われることが特に必要である。

イ　本項においては、この時期の発達の特徴を踏まえ、乳児保育の「ねらい」及び「内容」については、身体的発達に関する視点「健やかに伸び伸びと育つ」、社会的発達に関する視点「身近な人と気持ちが通じ合う」及び精神的発達に関する視点「身近なものと関わり感性が育つ」としてまとめ、示している。

ウ　本項の各視点において示す保育の内容は、第1章の2に示された養護における「生命の保持」及び「情緒の安定」に関わる保育の内容と、一体となって展開されるものであることに留意が必要である。

(2)　ねらい及び内容

ア　健やかに伸び伸びと育つ

健康な心と体を育て、自ら健康で安全な生活をつくり出す力の基盤を培う。

(ア)　ねらい

①　身体感覚が育ち、快適な環境に心地よさを感じる。

②　伸び伸びと体を動かし、はう、歩くなどの運動をしようとする。

③　食事、睡眠等の生活のリズムの感覚が芽生える。

(イ)　内容

①　保育士等の愛情豊かな受容の下で、生理的・心理的欲求を満たし、心地よく生活をする。

②　一人一人の発育に応じて、はう、立つ、歩くなど、十分に体を動かす。

③　個人差に応じて授乳を行い、離乳を進めていく中で、様々な食品に少しずつ慣れ、食べることを楽しむ。

④　一人一人の生活のリズムに応じて、安全な環境の下で十分に午睡をする。

⑤　おむつ交換や衣服の着脱などを通じて、清潔になることの心地よさを感じる。

(ウ)　内容の取扱い

上記の取扱いに当たっては、次の事項に留意する必要がある。

①　心と体の健康は、相互に密接な関連があるものであることを踏まえ、温かい触れ合いの中で、心と体の発達を促すこと。特に、寝返り、お座り、はいはい、つかまり立ち、伝い歩きなど、発育に応じて、遊びの中で体を動かす機会を十分に確保し、自ら体を動かそうとする意欲が育つようにすること。

②　健康な心と体を育てるためには望ましい食習慣の形成が重要であることを踏まえ、離乳食が完了期へと徐々に移行する中で、様々な食品に慣れるようにするとともに、和やかな雰囲気の中で食べる喜びや楽しさを味わい、進んで食べようとする気持ちが育つようにすること。なお、食物アレルギーのある子どもへの対応については、嘱託医等の指示や協力の下に適切に対応すること。

イ　身近な人と気持ちが通じ合う

受容的・応答的な関わりの下で、何かを伝えようとする意欲や身近な大人との信頼関係を育て、人と関わる力の基盤を培う。

(ア)　ねらい

①　安心できる関係の下で、身近な人と共に過ごす喜びを感じる。

②　体の動きや表情、発声等により、保育士等と気持ちを通わせようとする。

③　身近な人と親しみ、関わりを深め、愛情や信頼感が芽生える。

(イ)　内容

①　子どもからの働きかけを踏まえた、応答的な触れ合いや言葉がけによって、欲求が満たされ、安定感をもって過ごす。

②　体の動きや表情、発声、喃（なん）語等を優しく受け止めてもらい、保育士等とのやり取りを楽しむ。

③　生活や遊びの中で、自分の身近な人の存在に気付き、親しみの気持ちを表す。

④　保育士等による語りかけや歌いかけ、発声や喃(なん)語等への応答を通じて、言葉の理解や発語の意欲が育つ。

⑤　温かく、受容的な関わりを通じて、自分を肯定する気持ちが芽生える。

(ウ)　内容の取扱い

上記の取扱いに当たっては、次の事項に留意する必要がある。

①　保育士等との信頼関係に支えられて生活を確立していくことが人と関わる基盤となることを考慮して、子どもの多様な感情を受け止め、温かく受容的・応答的に関わり、一人一人に応じた適切な援助を行うようにすること。

②　身近な人に親しみをもって接し、自分の感情などを表し、それに相手が応答する言葉を聞くことを通して、次第に言葉が獲得されていくことを考慮して、楽しい雰囲気の中での保育士等との関わり合いを大切にし、ゆっくりと優しく話しかけるなど、積極的に言葉のやり取りを楽しむことができるようにすること。

ウ　身近なものと関わり感性が育つ

身近な環境に興味や好奇心をもって関わり、感じたことや考えたことを表現する力の基盤を培う。

(ア)　ねらい

①　身の回りのものに親しみ、様々なものに興味や関心をもつ。

②　見る、触れる、探索するなど、身近な環境に自分か

ら関わろうとする。

③ 身体の諸感覚による認識が豊かになり、表情や手足、体の動き等で表現する。

(イ) 内容

① 身近な生活用具、玩具や絵本などが用意された中で、身の回りのものに対する興味や好奇心をもつ。

② 生活や遊びの中で様々なものに触れ、音、形、色、手触りなどに気付き、感覚の働きを豊かにする。

③ 保育士等と一緒に様々な色彩や形のものや絵本などを見る。

④ 玩具や身の回りのものを、つまむ、つかむ、たたく、引っ張るなど、手や指を使って遊ぶ。

⑤ 保育士等のあやし遊びに機嫌よく応じたり、歌やリズムに合わせて手足や体を動かして楽しんだりする。

(ウ) 内容の取扱い

上記の取扱いに当たっては、次の事項に留意する必要がある。

① 玩具などは、音質、形、色、大きさなど子どもの発達状態に応じて適切なものを選び、その時々の子どもの興味や関心を踏まえるなど、遊びを通して感覚の発達が促されるものとなるように工夫すること。なお、安全な環境の下で、子どもが探索意欲を満たして自由に遊べるよう、身の回りのものについては、常に十分な点検を行うこと。

② 乳児期においては、表情、発声、体の動きなどで、感情を表現することが多いことから、これらの表現しようとする意欲を積極的に受け止めて、子どもが様々な活動を楽しむことを通して表現が豊かになるようにすること。

(3) 保育の実施に関わる配慮事項

ア 乳児は疾病への抵抗力が弱く、心身の機能の未熟さに伴う疾病の発生が多いことから、一人一人の発育及び発達状態や健康状態についての適切な判断に基づく保健的な対応を行うこと。

イ 一人一人の子どもの生育歴の違いに留意しつつ、欲求を適切に満たし、特定の保育士が応答的に関わるように努めること。

ウ 乳児保育に関わる職員間の連携や嘱託医との連携を図り、第3章に示す事項を踏まえ、適切に対応すること。栄養士及び看護師等が配置されている場合は、その専門性を生かした対応を図ること。

エ 保護者との信頼関係を築きながら保育を進めるとともに、保護者からの相談に応じ、保護者への支援に努めていくこと。

オ 担当の保育士が替わる場合には、子どものそれまでの生育歴や発達過程に留意し、職員間で協力して対応すること。

2 1歳以上3歳未満児の保育に関わるねらい及び内容

(1) 基本的事項

ア この時期においては、歩き始めから、歩く、走る、跳ぶなどへと、基本的な運動機能が次第に発達し、排泄(せつ)の自立のための身体的機能も整うようになる。つまむ、めくるなどの指先の機能も発達し、食事、衣類の着脱なども、保育士等の援助の下で自分で行うようになる。発声も明瞭になり、語彙も増加し、自分の意思や欲求を言葉で表出できるようになる。このように自分でできることが増えてくる時期であることから、保育士等は、子どもの生活の安定を図りながら、自分でしようとする気持ちを尊重し、温かく見守るとともに、愛情豊かに、応答的に関わることが必要である。

イ 本項においては、この時期の発達の特徴を踏まえ、保育の「ねらい」及び「内容」について、心身の健康に関する領域「健康」、人との関わりに関する領域「人間関係」、身近な環境との関わりに関する領域「環境」、言葉の獲得に関する領域「言葉」及び感性と表現に関する領域「表現」としてまとめ、示している。

ウ 本項の各領域において示す保育の内容は、第1章の2に示された養護における「生命の保持」及び「情緒の安定」に関わる保育の内容と、一体となって展開されるものであることに留意が必要である。

(2) ねらい及び内容

ア 健康

健康な心と体を育て、自ら健康で安全な生活をつくり出す力を養う。

(ア) ねらい

① 明るく伸び伸びと生活し、自分から体を動かすことを楽しむ。

② 自分の体を十分に動かし、様々な動きをしようとする。

③ 健康、安全な生活に必要な習慣に気付き、自分でしてみようとする気持ちが育つ。

(イ) 内容

① 保育士等の愛情豊かな受容の下で、安定感をもって生活をする。

② 食事や午睡、遊びと休息など、保育所における生活のリズムが形成される。

③ 走る、跳ぶ、登る、押す、引っ張るなど全身を使う遊びを楽しむ。

④ 様々な食品や調理形態に慣れ、ゆったりとした雰囲気の中で食事や間食を楽しむ。

⑤ 身の回りを清潔に保つ心地よさを感じ、その習慣が少しずつ身に付く。

⑥ 保育士等の助けを借りながら、衣類の着脱を自分でしようとする。

⑦ 便器での排泄(せつ)に慣れ、自分で排泄(せつ)ができるようになる。

(ウ) 内容の取扱い

上記の取扱いに当たっては、次の事項に留意する必要がある。

① 心と体の健康は、相互に密接な関連があるものであることを踏まえ、子どもの気持ちに配慮した温かい触れ合いの中で、心と体の発達を促すこと。特に、一人一人の発育に応じて、体を動かす機会を十分に確保し、自ら体を動かそうとする意欲が育つようにすること。

② 健康な心と体を育てるためには望ましい食習慣の形

成が重要であることを踏まえ、ゆったりとした雰囲気の中で食べる喜びや楽しさを味わい、進んで食べようとする気持ちが育つようにすること。なお、食物アレルギーのある子どもへの対応については、嘱託医等の指示や協力の下に適切に対応すること。

③ 排泄（せつ）の習慣については、一人一人の排尿間隔等を踏まえ、おむつが汚れていないときに便器に座らせるなどにより、少しずつ慣れさせるようにすること。

④ 食事、排泄（せつ）、睡眠、衣類の着脱、身の回りを清潔にすることなど、生活に必要な基本的な習慣については、一人一人の状態に応じ、落ち着いた雰囲気の中で行うようにし、子どもが自分でしようとする気持ちを尊重すること。また、基本的な生活習慣の形成に当たっては、家庭での生活経験に配慮し、家庭との適切な連携の下で行うようにすること。

イ　人間関係

他の人々と親しみ、支え合って生活するために、自立心を育て、人と関わる力を養う。

(ア)　ねらい

① 保育所での生活を楽しみ、身近な人と関わる心地よさを感じる。

② 周囲の子ども等への興味や関心が高まり、関わりをもとうとする。

③ 保育所の生活の仕方に慣れ、きまりの大切さに気付く。

(イ)　内容

① 保育士等や周囲の子ども等との安定した関係の中で、共に過ごす心地よさを感じる。

② 保育士等の受容的・応答的な関わりの中で、欲求を適切に満たし、安定感をもって過ごす。

③ 身の回りに様々な人がいることに気付き、徐々に他の子どもと関わりをもって遊ぶ。

④ 保育士等の仲立ちにより、他の子どもとの関わり方を少しずつ身につける。

⑤ 保育所の生活の仕方に慣れ、きまりがあることや、その大切さに気付く。

⑥ 生活や遊びの中で、年長児や保育士等の真似をしたり、ごっこ遊びを楽しんだりする。

(ウ)　内容の取扱い

上記の取扱いに当たっては、次の事項に留意する必要がある。

① 保育士等との信頼関係に支えられて生活を確立するとともに、自分で何かをしようとする気持ちが旺盛になる時期であることに鑑み、そのような子どもの気持ちを尊重し、温かく見守るとともに、愛情豊かに、応答的に関わり、適切な援助を行うようにすること。

② 思い通りにいかない場合等の子どもの不安定な感情の表出については、保育士等が受容的に受け止めるとともに、そうした気持ちから立ち直る経験や感情をコントロールすることへの気付き等につなげていけるように援助すること。

③ この時期は自己と他者との違いの認識がまだ十分ではないことから、子どもの自我の育ちを見守るとともに、保育士等が仲立ちとなって、自分の気持ちを相手に伝えることや相手の気持ちに気付くことの大切さなど、友達の気持ちや友達との関わり方を丁寧に伝えていくこと。

ウ　環境

周囲の様々な環境に好奇心や探究心をもって関わり、それらを生活に取り入れていこうとする力を養う。

(ア)　ねらい

① 身近な環境に親しみ、触れ合う中で、様々なものに興味や関心をもつ。

② 様々なものに関わる中で、発見を楽しんだり、考えたりしようとする。

③ 見る、聞く、触るなどの経験を通して、感覚の働きを豊かにする。

(イ)　内容

① 安全で活動しやすい環境での探索活動等を通して、見る、聞く、触れる、嗅ぐ、味わうなどの感覚の働きを豊かにする。

② 玩具、絵本、遊具などに興味をもち、それらを使った遊びを楽しむ。

③ 身の回りの物に触れる中で、形、色、大きさ、量などの物の性質や仕組みに気付く。

④ 自分の物と人の物の区別や、場所的感覚など、環境を捉える感覚が育つ。

⑤ 身近な生き物に気付き、親しみをもつ。

⑥ 近隣の生活や季節の行事などに興味や関心をもつ。

(ウ)　内容の取扱い

上記の取扱いに当たっては、次の事項に留意する必要がある。

① 玩具などは、音質、形、色、大きさなど子どもの発達状態に応じて適切なものを選び、遊びを通して感覚の発達が促されるように工夫すること。

② 身近な生き物との関わりについては、子どもが命を感じ、生命の尊さに気付く経験へとつながるものであることから、そうした気付きを促すような関わりとなるようにすること。

③ 地域の生活や季節の行事などに触れる際には、社会とのつながりや地域社会の文化への気付きにつながるものとなることが望ましいこと。その際、保育所内外の行事や地域の人々との触れ合いなどを通して行うこと等も考慮すること。

エ　言葉

経験したことや考えたことなどを自分なりの言葉で表現し、相手の話す言葉を聞こうとする意欲や態度を育て、言葉に対する感覚や言葉で表現する力を養う。

(ア)　ねらい

① 言葉遊びや言葉で表現する楽しさを感じる。

② 人の言葉や話などを聞き、自分でも思ったことを伝えようとする。

③ 絵本や物語等に親しむとともに、言葉のやり取りを通じて身近な人と気持ちを通わせる。

(イ)　内容

① 保育士等の応答的な関わりや話しかけにより、自ら言葉を使おうとする。
② 生活に必要な簡単な言葉に気付き、聞き分ける。
③ 親しみをもって日常の挨拶に応じる。
④ 絵本や紙芝居を楽しみ、簡単な言葉を繰り返したり、模倣をしたりして遊ぶ。
⑤ 保育士等とごっこ遊びをする中で、言葉のやり取りを楽しむ。
⑥ 保育士等を仲立ちとして、生活や遊びの中で友達との言葉のやり取りを楽しむ。
⑦ 保育士等や友達の言葉や話に興味や関心をもって、聞いたり、話したりする。

(ウ) 内容の取扱い

上記の取扱いに当たっては、次の事項に留意する必要がある。

① 身近な人に親しみをもって接し、自分の感情などを伝え、それに相手が応答し、その言葉を聞くことを通して、次第に言葉が獲得されていくものであることを考慮して、楽しい雰囲気の中で保育士等との言葉のやり取りができるようにすること。
② 子どもが自分の思いを言葉で伝えるとともに、他の子どもの話などを聞くことを通して、次第に話を理解し、言葉による伝え合いができるようになるよう、気持ちや経験等の言語化を行うことを援助するなど、子ども同士の関わりの仲立ちを行うようにすること。
③ この時期は、片言から、二語文、ごっこ遊びでのやり取りができる程度へと、大きく言葉の習得が進む時期であることから、それぞれの子どもの発達の状況に応じて、遊びや関わりの工夫など、保育の内容を適切に展開することが必要であること。

オ 表現

感じたことや考えたことを自分なりに表現することを通して、豊かな感性や表現する力を養い、創造性を豊かにする。

(ア) ねらい

① 身体の諸感覚の経験を豊かにし、様々な感覚を味わう。
② 感じたことや考えたことなどを自分なりに表現しようとする。
③ 生活や遊びの様々な体験を通して、イメージや感性が豊かになる。

(イ) 内容

① 水、砂、土、紙、粘土など様々な素材に触れて楽しむ。
② 音楽、リズムやそれに合わせた体の動きを楽しむ。
③ 生活の中で様々な音、形、色、手触り、動き、味、香りなどに気付いたり、感じたりして楽しむ。
④ 歌を歌ったり、簡単な手遊びや全身を使う遊びを楽しんだりする。
⑤ 保育士等からの話や、生活や遊びの中での出来事を通して、イメージを豊かにする。
⑥ 生活や遊びの中で、興味のあることや経験したことなどを自分なりに表現する。

(ウ) 内容の取扱い

上記の取扱いに当たっては、次の事項に留意する必要がある。

① 子どもの表現は、遊びや生活の様々な場面で表出されているものであることから、それらを積極的に受け止め、様々な表現の仕方や感性を豊かにする経験となるようにすること。
② 子どもが試行錯誤しながら様々な表現を楽しむことや、自分の力でやり遂げる充実感などに気付くよう、温かく見守るとともに、適切に援助を行うようにすること。
③ 様々な感情の表現等を通じて、子どもが自分の感情や気持ちに気付くようになる時期であることに鑑み、受容的な関わりの中で自信をもって表現をすることや、諦めずに続けた後の達成感等を感じられるような経験が蓄積されるようにすること。
④ 身近な自然や身の回りの事物に関わる中で、発見や心が動く経験が得られるよう、諸感覚を働かせることを楽しむ遊びや素材を用意するなど保育の環境を整えること。

(3) 保育の実施に関わる配慮事項

ア 特に感染症にかかりやすい時期であるので、体の状態、機嫌、食欲などの日常の状態の観察を十分に行うとともに、適切な判断に基づく保健的な対応を心がけること。
イ 探索活動が十分できるように、事故防止に努めながら活動しやすい環境を整え、全身を使う遊びなど様々な遊びを取り入れること。
ウ 自我が形成され、子どもが自分の感情や気持ちに気付くようになる重要な時期であることに鑑み、情緒の安定を図りながら、子どもの自発的な活動を尊重するとともに促していくこと。
エ 担当の保育士が替わる場合には、子どものそれまでの経験や発達過程に留意し、職員間で協力して対応すること。

3 3歳以上児の保育に関するねらい及び内容

(1) 基本的事項

ア この時期においては、運動機能の発達により、基本的な動作が一通りできるようになるとともに、基本的な生活習慣もほぼ自立できるようになる。理解する語彙数が急激に増加し、知的興味や関心も高まってくる。仲間と遊び、仲間の中の一人という自覚が生じ、集団的な遊びや協同的な活動も見られるようになる。これらの発達の特徴を踏まえて、この時期の保育においては、個の成長と集団としての活動の充実が図られるようにしなければならない。
イ 本項においては、この時期の発達の特徴を踏まえ、保育の「ねらい」及び「内容」について、心身の健康に関する領域「健康」、人との関わりに関する領域「人間関係」、身近な環境との関わりに関する領域「環境」、言葉の獲得に関する領域「言葉」及び感性と表現に関する領域「表現」としてまとめ、示している。
ウ 本項の各領域において示す保育の内容は、第1章の2に示された養護における「生命の保持」及び「情緒の安定」

に関わる保育の内容と、一体となって展開されるものであることに留意が必要である。

(2) ねらい及び内容

ア 健康

健康な心と体を育て、自ら健康で安全な生活をつくり出す力を養う。

(ア) ねらい

① 明るく伸び伸びと行動し、充実感を味わう。

② 自分の体を十分に動かし、進んで運動しようとする。

③ 健康、安全な生活に必要な習慣や態度を身に付け、見通しをもって行動する。

(イ) 内容

① 保育士等や友達と触れ合い、安定感をもって行動する。

② いろいろな遊びの中で十分に体を動かす。

③ 進んで戸外で遊ぶ。

④ 様々な活動に親しみ、楽しんで取り組む。

⑤ 保育士等や友達と食べることを楽しみ、食べ物への興味や関心をもつ。

⑥ 健康な生活のリズムを身に付ける。

⑦ 身の回りを清潔にし、衣服の着脱、食事、排泄（せつ）などの生活に必要な活動を自分でする。

⑧ 保育所における生活の仕方を知り、自分たちで生活の場を整えながら見通しをもって行動する。

⑨ 自分の健康に関心をもち、病気の予防などに必要な活動を進んで行う。

⑩ 危険な場所、危険な遊び方、災害時などの行動の仕方が分かり、安全に気を付けて行動する。

(ウ) 内容の取扱い

上記の取扱いに当たっては、次の事項に留意する必要がある。

① 心と体の健康は、相互に密接な関連があるものであることを踏まえ、子どもが保育士等や他の子どもとの温かい触れ合いの中で自己の存在感や充実感を味わうことなどを基盤として、しなやかな心と体の発達を促すこと。特に、十分に体を動かす気持ちよさを体験し、自ら体を動かそうとする意欲が育つようにすること。

② 様々な遊びの中で、子どもが興味や関心、能力に応じて全身を使って活動することにより、体を動かす楽しさを味わい、自分の体を大切にしようとする気持ちが育つようにすること。その際、多様な動きを経験する中で、体の動きを調整するようにすること。

③ 自然の中で伸び伸びと体を動かして遊ぶことにより、体の諸機能の発達が促されることに留意し、子どもの興味や関心が戸外にも向くようにすること。その際、子どもの動線に配慮した園庭や遊具の配置などを工夫すること。

④ 健康な心と体を育てるためには食育を通じた望ましい食習慣の形成が大切であることを踏まえ、子どもの食生活の実情に配慮し、和やかな雰囲気の中で保育士等や他の子どもと食べる喜びや楽しさを味わったり、様々な食べ物への興味や関心をもったりするなどし、食の大切さに気付き、進んで食べようとする気持ちが育つようにすること。

⑤ 基本的な生活習慣の形成に当たっては、家庭での生活経験に配慮し、子どもの自立心を育て、子どもが他の子どもと関わりながら主体的な活動を展開する中で、生活に必要な習慣を身に付け、次第に見通しをもって行動できるようにすること。

⑥ 安全に関する指導に当たっては、情緒の安定を図り、遊びを通して安全についての構えを身に付け、危険な場所や事物などが分かり、安全についての理解を深めるようにすること。また、交通安全の習慣を身に付けるようにするとともに、避難訓練などを通して、災害などの緊急時に適切な行動がとれるようにすること。

イ 人間関係

他の人々と親しみ、支え合って生活するために、自立心を育て、人と関わる力を養う。

(ア) ねらい

① 保育所の生活を楽しみ、自分の力で行動することの充実感を味わう。

② 身近な人と親しみ、関わりを深め、工夫したり、協力したりして一緒に活動する楽しさを味わい、愛情や信頼感をもつ。

③ 社会生活における望ましい習慣や態度を身に付ける。

(イ) 内容

① 保育士等や友達と共に過ごすことの喜びを味わう。

② 自分で考え、自分で行動する。

③ 自分でできることは自分でする。

④ いろいろな遊びを楽しみながら物事をやり遂げようとする気持ちをもつ。

⑤ 友達と積極的に関わりながら喜びや悲しみを共感し合う。

⑥ 自分の思ったことを相手に伝え、相手の思っていることに気付く。

⑦ 友達のよさに気付き、一緒に活動する楽しさを味わう。

⑧ 友達と楽しく活動する中で、共通の目的を見いだし、工夫したり、協力したりなどする。

⑨ よいことや悪いことがあることに気付き、考えながら行動する。

⑩ 友達との関わりを深め、思いやりをもつ。

⑪ 友達と楽しく生活する中できまりの大切さに気付き、守ろうとする。

⑫ 共同の遊具や用具を大切にし、皆で使う。

⑬ 高齢者をはじめ地域の人々などの自分の生活に関係の深いいろいろな人に親しみをもつ。

(ウ) 内容の取扱い

上記の取扱いに当たっては、次の事項に留意する必要がある。

① 保育士等との信頼関係に支えられて自分自身の生活を確立していくことが人と関わる基盤となることを考慮し、子どもが自ら周囲に働き掛けることにより多様な感情を体験し、試行錯誤しながら諦め

ずにやり遂げることの達成感や、前向きな見通しをもって自分の力で行うことの充実感を味わうことができるよう、子どもの行動を見守りながら適切な援助を行うようにすること。

② 一人一人を生かした集団を形成しながら人と関わる力を育てていくようにすること。その際、集団の生活の中で、子どもが自己を発揮し、保育士等や他の子どもに認められる体験をし、自分のよさや特徴に気付き、自信をもって行動できるようにすること。

③ 子どもが互いに関わりを深め、協同して遊ぶようになるため、自ら行動する力を育てるとともに、他の子どもと試行錯誤しながら活動を展開する楽しさや共通の目的が実現する喜びを味わうことができるようにすること。

④ 道徳性の芽生えを培うに当たっては、基本的な生活習慣の形成を図るとともに、子どもが他の子どもとの関わりの中で他人の存在に気付き、相手を尊重する気持ちをもって行動できるようにし、また、自然や身近な動植物に親しむことなどを通して豊かな心情が育つようにすること。特に、人に対する信頼感や思いやりの気持ちは、葛藤やつまずきをも体験し、それらを乗り越えることにより次第に芽生えてくることに配慮すること。

⑤ 集団の生活を通して、子どもが人との関わりを深め、規範意識の芽生えが培われることを考慮し、子どもが保育士等との信頼関係に支えられて自己を発揮する中で、互いに思いを主張し、折り合いを付ける体験をし、きまりの必要性などに気付き、自分の気持ちを調整する力が育つようにすること。

⑥ 高齢者をはじめ地域の人々などの自分の生活に関係の深いいろいろな人と触れ合い、自分の感情や意志を表現しながら共に楽しみ、共感し合う体験を通して、これらの人々などに親しみをもち、人と関わることの楽しさや人の役に立つ喜びを味わうことができるようにすること。また、生活を通して親や祖父母などの家族の愛情に気付き、家族を大切にしようとする気持ちが育つようにすること。

ウ 環境

周囲の様々な環境に好奇心や探究心をもって関わり、それらを生活に取り入れていこうとする力を養う。

(ア) ねらい

① 身近な環境に親しみ、自然と触れ合う中で様々な事象に興味や関心をもつ。

② 身近な環境に自分から関わり、発見を楽しんだり、考えたりし、それを生活に取り入れようとする。

③ 身近な事象を見たり、考えたり、扱ったりする中で、物の性質や数量、文字などに対する感覚を豊かにする。

(イ) 内容

① 自然に触れて生活し、その大きさ、美しさ、不思議さなどに気付く。

② 生活の中で、様々な物に触れ、その性質や仕組みに興味や関心をもつ。

③ 季節により自然や人間の生活に変化のあることに気付く。

④ 自然などの身近な事象に関心をもち、取り入れて遊ぶ。

⑤ 身近な動植物に親しみをもって接し、生命の尊さに気付き、いたわったり、大切にしたりする。

⑥ 日常生活の中で、我が国や地域社会における様々な文化や伝統に親しむ。

⑦ 身近な物を大切にする。

⑧ 身近な物や遊具に興味をもって関わり、自分なりに比べたり、関連付けたりしながら考えたり、試したりして工夫して遊ぶ。

⑨ 日常生活の中で数量や図形などに関心をもつ。

⑩ 日常生活の中で簡単な標識や文字などに関心をもつ。

⑪ 生活に関係の深い情報や施設などに興味や関心をもつ。

⑫ 保育所内外の行事において国旗に親しむ。

(ウ) 内容の取扱い

上記の取扱いに当たっては、次の事項に留意する必要がある。

① 子どもが、遊びの中で周囲の環境と関わり、次第に周囲の世界に好奇心を抱き、その意味や操作の仕方に関心をもち、物事の法則性に気付き、自分なりに考えることができるようになる過程を大切にすること。また、他の子どもの考えなどに触れて新しい考えを生み出す喜びや楽しさを味わい、自分の考えをよりよいものにしようとする気持ちが育つようにすること。

② 幼児期において自然のもつ意味は大きく、自然の大きさ、美しさ、不思議さなどに直接触れる体験を通して、子どもの心が安らぎ、豊かな感情、好奇心、思考力、表現力の基礎が培われることを踏まえ、子どもが自然との関わりを深めることができるよう工夫すること。

③ 身近な事象や動植物に対する感動を伝え合い、共感し合うことなどを通して自分から関わろうとする意欲を育てるとともに、様々な関わり方を通してそれらに対する親しみや畏敬の念、生命を大切にする気持ち、公共心、探究心などが養われるようにすること。

④ 文化や伝統に親しむ際には、正月や節句など我が国の伝統的な行事、国歌、唱歌、わらべうたや我が国の伝統的な遊びに親しんだり、異なる文化に触れる活動に親しんだりすることを通じて、社会とのつながりの意識や国際理解の意識の芽生えなどが養われるようにすること。

⑤ 数量や文字などに関しては、日常生活の中で子ども自身の必要感に基づく体験を大切にし、数量や文字などに関する興味や関心、感覚が養われるようにすること。

エ 言葉

経験したことや考えたことなどを自分なりの言葉で表現

し、相手の話す言葉を聞こうとする意欲や態度を育て、言葉に対する感覚や言葉で表現する力を養う。

(ア) ねらい

① 自分の気持ちを言葉で表現する楽しさを味わう。

② 人の言葉や話などをよく聞き、自分の経験したことや考えたことを話し、伝え合う喜びを味わう。

③ 日常生活に必要な言葉が分かるようになるとともに、絵本や物語などに親しみ、言葉に対する感覚を豊かにし、保育士等や友達と心を通わせる。

(イ) 内容

① 保育士等や友達の言葉や話に興味や関心をもち、親しみをもって聞いたり、話したりする。

② したり、見たり、聞いたり、感じたり、考えたりなどしたことを自分なりに言葉で表現する。

③ したいこと、してほしいことを言葉で表現したり、分からないことを尋ねたりする。

④ 人の話を注意して聞き、相手に分かるように話す。

⑤ 生活の中で必要な言葉が分かり、使う。

⑥ 親しみをもって日常の挨拶をする。

⑦ 生活の中で言葉の楽しさや美しさに気付く。

⑧ いろいろな体験を通じてイメージや言葉を豊かにする。

⑨ 絵本や物語などに親しみ、興味をもって聞き、想像をする楽しさを味わう。

⑩ 日常生活の中で、文字などで伝える楽しさを味わう。

(ウ) 内容の取扱い

上記の取扱いに当たっては、次の事項に留意する必要がある。

① 言葉は、身近な人に親しみをもって接し、自分の感情や意志などを伝え、それに相手が応答し、その言葉を聞くことを通して次第に獲得されていくものであることを考慮して、子どもが保育士等や他の子どもと関わることにより心を動かされるような体験をし、言葉を交わす喜びを味わえるようにすること。

② 子どもが自分の思いを言葉で伝えるとともに、保育士等や他の子どもなどの話を興味をもって注意して聞くことを通して次第に話を理解するようになっていき、言葉による伝え合いができるようにすること。

③ 絵本や物語などで、その内容と自分の経験とを結び付けたり、想像を巡らせたりするなど、楽しみを十分に味わうことによって、次第に豊かなイメージをもち、言葉に対する感覚が養われるようにすること。

④ 子どもが生活の中で、言葉の響きやリズム、新しい言葉や表現などに触れ、これらを使う楽しさを味わえるようにすること。その際、絵本や物語に親しんだり、言葉遊びなどをしたりすることを通して、言葉が豊かになるようにすること。

⑤ 子どもが日常生活の中で、文字などを使いながら思ったことや考えたことを伝える喜びや楽しさを味わい、文字に対する興味や関心をもつようにすること。

オ 表現

感じたことや考えたことを自分なりに表現することを通して、豊かな感性や表現する力を養い、創造性を豊かにする。

(ア) ねらい

① いろいろなものの美しさなどに対する豊かな感性をもつ。

② 感じたことや考えたことを自分なりに表現して楽しむ。

③ 生活の中でイメージを豊かにし、様々な表現を楽しむ。

(イ) 内容

① 生活の中で様々な音、形、色、手触り、動きなどに気付いたり、感じたりするなどして楽しむ。

② 生活の中で美しいものや心を動かす出来事に触れ、イメージを豊かにする。

③ 様々な出来事の中で、感動したことを伝え合う楽しさを味わう。

④ 感じたこと、考えたことなどを音や動きなどで表現したり、自由にかいたり、つくったりなどする。

⑤ いろいろな素材に親しみ、工夫して遊ぶ。

⑥ 音楽に親しみ、歌を歌ったり、簡単なリズム楽器を使ったりなどする楽しさを味わう。

⑦ かいたり、つくったりすることを楽しみ、遊びに使ったり、飾ったりなどする。

⑧ 自分のイメージを動きや言葉などで表現したり、演じて遊んだりするなどの楽しさを味わう。

(ウ) 内容の取扱い

上記の取扱いに当たっては、次の事項に留意する必要がある。

① 豊かな感性は、身近な環境と十分に関わる中で美しいもの、優れたもの、心を動かす出来事などに出会い、そこから得た感動を他の子どもや保育士等と共有し、様々に表現することなどを通して養われるようにすること。その際、風の音や雨の音、身近にある草や花の形や色など自然の中にある音、形、色などに気付くようにすること。

② 子どもの自己表現は素朴な形で行われることが多いので、保育士等はそのような表現を受容し、子ども自身の表現しようとする意欲を受け止めて、子どもが生活の中で子どもらしい様々な表現を楽しむことができるようにすること。

③ 生活経験や発達に応じ、自ら様々な表現を楽しみ、表現する意欲を十分に発揮させることができるように、遊具や用具などを整えたり、様々な素材や表現の仕方に親しんだり、他の子どもの表現に触れられるよう配慮したりし、表現する過程を大切にして自己表現を楽しめるように工夫すること。

(3) 保育の実施に関わる配慮事項

ア 第1章の4の（2）に示す「幼児期の終わりまでに育ってほしい姿」が、ねらい及び内容に基づく活動全体を通して資質・能力が育まれている子どもの小学校就学時の具体的な姿であることを踏まえ、指導を行う際には適宜考慮すること。

イ　子どもの発達や成長の援助をねらいとした活動の時間については、意識的に保育の計画等において位置付けて、実施することが重要であること。なお、そのような活動の時間については、保護者の就労状況等に応じて子どもが保育所で過ごす時間がそれぞれ異なることに留意して設定すること。

ウ　特に必要な場合には、各領域に示すねらいの趣旨に基づいて、具体的な内容を工夫し、それを加えても差し支えないが、その場合には、それが第1章の1に示す保育所保育に関する基本原則を逸脱しないよう慎重に配慮する必要があること。

4　保育の実施に関して留意すべき事項

(1)　保育全般に関わる配慮事項

ア　子どもの心身の発達及び活動の実態などの個人差を踏まえるとともに、一人一人の子どもの気持ちを受け止め、援助すること。

イ　子どもの健康は、生理的・身体的な育ちとともに、自主性や社会性、豊かな感性の育ちとがあいまってもたらされることに留意すること。

ウ　子どもが自ら周囲に働きかけ、試行錯誤しつつ自分の力で行う活動を見守りながら、適切に援助すること。

エ　子どもの入所時の保育に当たっては、できるだけ個別的に対応し、子どもが安定感を得て、次第に保育所の生活になじんでいくようにするとともに、既に入所している子どもに不安や動揺を与えないようにすること。

オ　子どもの国籍や文化の違いを認め、互いに尊重する心を育てるようにすること。

カ　子どもの性差や個人差にも留意しつつ、性別などによる固定的な意識を植え付けることがないようにすること。

(2)　小学校との連携

ア　保育所においては、保育所保育が、小学校以降の生活や学習の基盤の育成につながることに配慮し、幼児期にふさわしい生活を通じて、創造的な思考や主体的な生活態度などの基礎を培うようにすること。

イ　保育所保育において育まれた資質・能力を踏まえ、小学校教育が円滑に行われるよう、小学校教師との意見交換や合同の研究の機会などを設け、第1章の4の（2）に示す「幼児期の終わりまでに育って欲しい姿」を共有するなど連携を図り、保育所保育と小学校教育との円滑な接続を図るよう努めること。

ウ　子どもに関する情報共有に関して、保育所に入所している子どもの就学に際し、市町村の支援の下に、子どもの育ちを支えるための資料が保育所から小学校へ送付されるようにすること。

(3)　家庭及び地域社会との連携

子どもの生活の連続性を踏まえ、家庭及び地域社会と連携して保育が展開されるよう配慮すること。その際、家庭や地域の機関及び団体の協力を得て、地域の自然、高齢者や異年齢の子ども等を含む人材、行事、施設等の地域の資源を積極的に活用し、豊かな生活体験をはじめ保育内容の充実が図られるよう配慮すること。

第3章　健康及び安全

保育所保育において、子どもの健康及び安全の確保は、子どもの生命の保持と健やかな生活の基本であり、一人一人の子どもの健康の保持及び増進並びに安全の確保とともに、保育所全体における健康及び安全の確保に努めることが重要となる。

また、子どもが、自らの体や健康に関心をもち、心身の機能を高めていくことが大切である。

このため、第１章及び第２章等の関連する事項に留意し、次に示す事項を踏まえ、保育を行うこととする。

1　子どもの健康支援

(1)　子どもの健康状態並びに発育及び発達状態の把握

ア　子どもの心身の状態に応じて保育するために、子どもの健康状態並びに発育及び発達状態について、定期的・継続的に、また、必要に応じて随時、把握すること。

イ　保護者からの情報とともに、登所時及び保育中を通じて子どもの状態を観察し、何らかの疾病が疑われる状態や傷害が認められた場合には、保護者に連絡するとともに、嘱託医と相談するなど適切な対応を図ること。看護師等が配置されている場合には、その専門性を生かした対応を図ること。

ウ　子どもの心身の状態等を観察し、不適切な養育の兆候が見られる場合には、市町村や関係機関と連携し、児童福祉法第25条に基づき、適切な対応を図ること。また、虐待が疑われる場合には、速やかに市町村又は児童相談所に通告し、適切な対応を図ること。

(2)　健康増進

ア　子どもの健康に関する保健計画を全体的な計画に基づいて作成し、全職員がそのねらいや内容を踏まえ、一人一人の子どもの健康の保持及び増進に努めていくこと。

イ　子どもの心身の健康状態や疾病等の把握のために、嘱託医等により定期的に健康診断を行い、その結果を記録し、保育に活用するとともに、保護者が子どもの状態を理解し、日常生活に活用できるようにすること。

(3)　疾病等への対応

ア　保育中に体調不良や傷害が発生した場合には、その子どもの状態等に応じて、保護者に連絡するとともに、適宜、嘱託医や子どものかかりつけ医等と相談し、適切な処置を行うこと。看護師等が配置されている場合には、その専門性を生かした対応を図ること。

イ　感染症やその他の疾病の発生予防に努め、その発生や疑いがある場合には、必要に応じて嘱託医、市町村、保健所等に連絡し、その指示に従うとともに、保護者や全職員に連絡し、予防等について協力を求めること。また、感染症に関する保育所の対応方法等について、あらかじめ関係機関の協力を得ておくこと。看護師等が配置されている場合には、その専門性を生かした対応を図ること。

ウ　アレルギー疾患を有する子どもの保育については、保護者と連携し、医師の診断及び指示に基づき、適切な対応を行うこと。また、食物アレルギーに関して、関係機関と連携して、当該保育所の体制構築など、安全な環境の整備を行うこと。看護師や栄養士等が配置されている場合には、その専門性を生かした対応を図ること。

エ　子どもの疾病等の事態に備え、医務室等の環境を整え、救急用の薬品、材料等を適切な管理の下に常備し、全職員が対応できるようにしておくこと。

2　食育の推進

(1)　保育所の特性を生かした食育

ア　保育所における食育は、健康な生活の基本としての「食を営む力」の育成に向け、その基礎を培うことを目標とすること。

イ　子どもが生活と遊びの中で、意欲をもって食に関わる体験を積み重ね、食べることを楽しみ、食事を楽しみ合う子どもに成長していくことを期待するものであること。

ウ　乳幼児期にふさわしい食生活が展開され、適切な援助が行われるよう、食事の提供を含む食育計画を全体的な計画に基づいて作成し、その評価及び改善に努めること。栄養士が配置されている場合は、専門性を生かした対応を図ること。

(2)　食育の環境の整備等

ア　子どもが自らの感覚や体験を通して、自然の恵みとしての食材や食の循環・環境への意識、調理する人への感謝の気持ちが育つように、子どもと調理員等との関わりや、調理室など食に関わる保育環境に配慮すること。

イ　保護者や地域の多様な関係者との連携及び協働の下で、食に関する取組が進められること。また、市町村の支援の下に、地域の関係機関等との日常的な連携を図り、必要な協力が得られるよう努めること。

ウ　体調不良、食物アレルギー、障害のある子どもなど、一人一人の子どもの心身の状態等に応じ、嘱託医、かかりつけ医等の指示や協力の下に適切に対応すること。栄養士が配置されている場合は、専門性を生かした対応を図ること。

3　環境及び衛生管理並びに安全管理

(1)　環境及び衛生管理

ア　施設の温度、湿度、換気、採光、音などの環境を常に適切な状態に保持するとともに、施設内外の設備及び用具等の衛生管理に努めること。

イ　施設内外の適切な環境の維持に努めるとともに、子ども及び全職員が清潔を保つようにすること。また、職員は衛生知識の向上に努めること。

(2)　事故防止及び安全対策

ア　保育中の事故防止のために、子どもの心身の状態等を踏まえつつ、施設内外の安全点検に努め、安全対策のために全職員の共通理解や体制づくりを図るとともに、家庭や地域の関係機関の協力の下に安全指導を行うこと。

イ　事故防止の取組を行う際には、特に、睡眠中、プール活動・水遊び中、食事中等の場面では重大事故が発生しやすいことを踏まえ、子どもの主体的な活動を大切にしつつ、施設内外の環境の配慮や指導の工夫を行うなど、必要な対策を講じること。

ウ　保育中の事故の発生に備え、施設内外の危険箇所の点検や訓練を実施するとともに、外部からの不審者等の侵入防止のための措置や訓練など不測の事態に備えて必要な対応を行うこと。また、子どもの精神保健面における対応に留意すること。

4　災害への備え

(1)　施設・設備等の安全確保

ア　防火設備、避難経路等の安全性が確保されるよう、定期的にこれらの安全点検を行うこと。

イ　備品、遊具等の配置、保管を適切に行い、日頃から、安全環境の整備に努めること。

(2)　災害発生時の対応体制及び避難への備え

ア　火災や地震などの災害の発生に備え、緊急時の対応の具体的内容及び手順、職員の役割分担、避難訓練計画等に関するマニュアルを作成すること。

イ　定期的に避難訓練を実施するなど、必要な対応を図ること。

ウ　災害の発生時に、保護者等への連絡及び子どもの引渡しを円滑に行うため、日頃から保護者との密接な連携に努め、連絡体制や引渡し方法等について確認をしておくこと。

(3)　地域の関係機関等との連携

ア　市町村の支援の下に、地域の関係機関との日常的な連携を図り、必要な協力が得られるよう努めること。

イ　避難訓練については、地域の関係機関や保護者との連携の下に行うなど工夫すること。

第4章　子育て支援

保育所における保護者に対する子育て支援は、全ての子どもの健やかな育ちを実現することができるよう、第1章及び第2章等の関連する事項を踏まえ、子どもの育ちを家庭と連携して支援していくとともに、保護者及び地域が有する子育てを自ら実践する力の向上に資するよう、次の事項に留意するものとする。

1　保育所における子育て支援に関する基本的事項

(1)　保育所の特性を生かした子育て支援

ア　保護者に対する子育て支援を行う際には、各地域や家庭の実態等を踏まえるとともに、保護者の気持ちを受け止め、相互の信頼関係を基本に、保護者の自己決定を尊重すること。

イ　保育及び子育てに関する知識や技術など、保育士等の専門性や、子どもが常に存在する環境など、保育所の特性を生かし、保護者が子どもの成長に気付き子育ての喜びを感じられるように努めること。

(2)　子育て支援に関して留意すべき事項

ア　保護者に対する子育て支援における地域の関係機関等との連携及び協働を図り、保育所全体の体制構築に努めること。

イ　子どもの利益に反しない限りにおいて、保護者や子どものプライバシーを保護し、知り得た事柄の秘密を保持すること。

2　保育所を利用している保護者に対する子育て支援

(1)　保護者との相互理解

ア　日常の保育に関連した様々な機会を活用し子どもの日々の様子の伝達や収集、保育所保育の意図の説明などを通じて、保護者との相互理解を図るよう努めること。

イ　保育の活動に対する保護者の積極的な参加は、保護者の子育てを自ら実践する力の向上に寄与することから、これを促すこと。

(2) 保護者の状況に配慮した個別の支援

ア 保護者の就労と子育ての両立等を支援するため、保護者の多様化した保育の需要に応じ、病児保育事業など多様な事業を実施する場合には、保護者の状況に配慮するとともに、子どもの福祉が尊重されるよう努め、子どもの生活の連続性を考慮すること。

イ 子どもに障害や発達上の課題が見られる場合には、市町村や関係機関と連携及び協力を図りつつ、保護者に対する個別の支援を行うよう努めること。

ウ 外国籍家庭など、特別な配慮を必要とする家庭の場合には、状況等に応じて個別の支援を行うよう努めること。

(3) 不適切な養育等が疑われる家庭への支援

ア 保護者に育児不安等が見られる場合には、保護者の希望に応じて個別の支援を行うよう努めること。

イ 保護者に不適切な養育等が疑われる場合には、市町村や関係機関と連携し、要保護児童対策地域協議会で検討するなど適切な対応を図ること。また、虐待が疑われる場合には、速やかに市町村又は児童相談所に通告し、適切な対応を図ること。

3 地域の保護者等に対する子育て支援

(1) 地域に開かれた子育て支援

ア 保育所は、児童福祉法第48条の4の規定に基づき、その行う保育に支障がない限りにおいて、地域の実情や当該保育所の体制等を踏まえ、地域の保護者等に対して、保育所保育の専門性を生かした子育て支援を積極的に行うよう努めること。

イ 地域の子どもに対する一時預かり事業などの活動を行う際には、一人一人の子どもの心身の状態などを考慮するとともに、日常の保育との関連に配慮するなど、柔軟に活動を展開できるようにすること。

(2) 地域の関係機関等との連携

ア 市町村の支援を得て、地域の関係機関等との積極的な連携及び協働を図るとともに、子育て支援に関する地域の人材と積極的に連携を図るよう努めること。

イ 地域の要保護児童への対応など、地域の子どもを巡る諸課題に対し、要保護児童対策地域協議会など関係機関等と連携及び協力して取り組むよう努めること。

第5章 職員の資質向上

第１章から前章までに示された事項を踏まえ、保育所は、質の高い保育を展開するため、絶えず、一人一人の職員についての資質向上及び職員全体の専門性の向上を図るよう努めなければならない。

1 職員の資質向上に関する基本的事項

(1) 保育所職員に求められる専門性

子どもの最善の利益を考慮し、人権に配慮した保育を行うためには、職員一人一人の倫理観、人間性並びに保育所職員としての職務及び責任の理解と自覚が基盤となる。

各職員は、自己評価に基づく課題等を踏まえ、保育所内外の研修等を通じて、保育士・看護師・調理員・栄養士等、それぞれの職務内容に応じた専門性を高めるため、必要な知識及び技術の修得、維持及び向上に努めなければならない。

(2) 保育の質の向上に向けた組織的な取組

保育所においては、保育の内容等に関する自己評価等を通じて把握した、保育の質の向上に向けた課題に組織的に対応するため、保育内容の改善や保育士等の役割分担の見直し等に取り組むとともに、それぞれの職位や職務内容等に応じて、各職員が必要な知識及び技能を身につけられるよう努めなければならない。

2 施設長の責務

(1) 施設長の責務と専門性の向上

施設長は、保育所の役割や社会的責任を遂行するために、法令等を遵守し、保育所を取り巻く社会情勢等を踏まえ、施設長としての専門性等の向上に努め、当該保育所における保育の質及び職員の専門性向上のために必要な環境の確保に努めなければならない。

(2) 職員の研修機会の確保等

施設長は、保育所の全体的な計画や、各職員の研修の必要性等を踏まえて、体系的・計画的な研修機会を確保するとともに、職員の勤務体制の工夫等により、職員が計画的に研修等に参加し、その専門性の向上が図られるよう努めなければならない。

3 職員の研修等

(1) 職場における研修

職員が日々の保育実践を通じて、必要な知識及び技術の修得、維持及び向上を図るとともに、保育の課題等への共通理解や協働性を高め、保育所全体としての保育の質の向上を図っていくためには、日常的に職員同士が主体的に学び合う姿勢と環境が重要であり、職場内での研修の充実が図られなければならない。

(2) 外部研修の活用

各保育所における保育の課題への的確な対応や、保育士等の専門性の向上を図るためには、職場内での研修に加え、関係機関等による研修の活用が有効であることから、必要に応じて、こうした外部研修への参加機会が確保されるよう努めなければならない。

4 研修の実施体制等

(1) 体系的な研修計画の作成

保育所においては、当該保育所における保育の課題や各職員のキャリアパス等も見据えて、初任者から管理職員までの職位や職務内容等を踏まえた体系的な研修計画を作成しなければならない。

索　引

INDEX

た

な

は

ま

や

わ

《著者紹介》

百瀬ユカリ（ももせ・ゆかり）

東京都公立幼稚園教諭、秋草学園短期大学他、保育者養成校教員を経て、現在、日本女子体育大学体育学部スポーツ健康学科幼児発達学専攻教授。博士（社会福祉学）。

（検印省略）

2004年７月10日　初版発行
2006年４月20日　第二版発行
2009年４月20日　第三版発行
2011年４月20日　第四版発行
2013年４月20日　第五版発行
2020年１月20日　第六版発行

略称－保育実習

よくわかる保育所実習［第六版］

著　者　百　瀬　ユカリ
発行者　塚　田　尚　寛

発行所　東京都文京区春日２－13－１　株式会社　創　成　社

電　話　03（3868）3867　　ＦＡＸ　03（5802）6802
出版部　03（3868）3857　　ＦＡＸ　03（5802）6801
http://www.books-sosei.com　振　替　00150-9-191261

定価はカバーに表示してあります。

ISBN978-4-7944-8087-3 C3037
Printed in Japan

組版：スリーエス　印刷：エーヴィスシステムズ
製本：宮製本所
落丁・乱丁本はお取り替えいたします。

JASRAC 出0408439-602